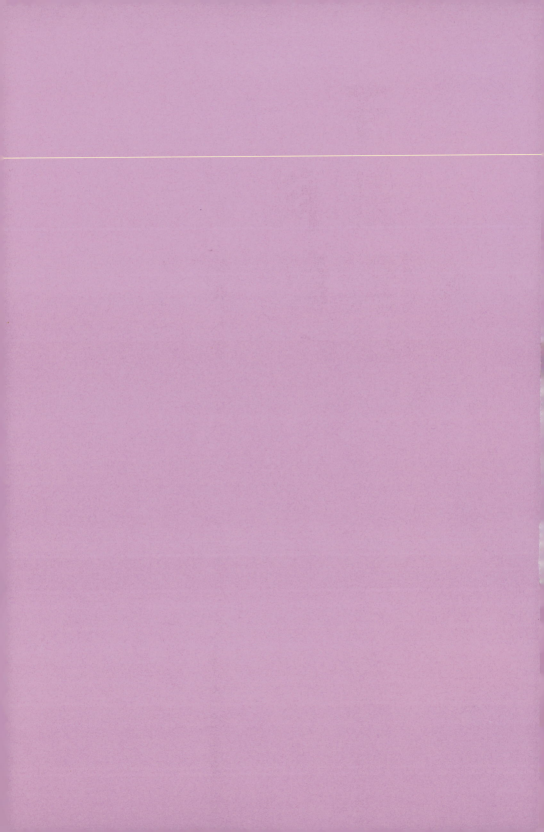

基于
认知科学的
课堂教学

14种促进深度学习、持久学习的教学策略

[美] 布莱恩·古德温 Bryan Goodwin   克里斯汀·鲁洛 Kristin Rouleau

谢丽尔·阿巴拉 Cheryl Abla   凯伦·巴普蒂斯特 Karen Baptiste

托妮亚·吉布森 Tonia Gibson   米歇尔·克姆鲍尔 Michele Kimball   著

The Best Research-Based
Strategies for Increasing
Student Achievement

The New Classroom
Instruction That Works

中国青年出版社

图书在版编目（CIP）数据

基于认知科学的课堂教学：14种促进深度学习、持久学习的教学策略 / (美) 布莱恩·古德温等著；林文静译. -- 北京：中国青年出版社, 2025. 10. -- ISBN 978-7-5153-7943-2

Ⅰ. G424.21

中国国家版本馆CIP数据核字第2025B79U71号

基于认知科学的课堂教学：
14种促进深度学习、持久学习的教学策略

作　　者：[美] 布莱恩·古德温　克里斯汀·鲁洛　谢丽尔·阿巴拉　凯伦·巴普蒂斯特　托妮亚·吉布森　米歇尔·克姆鲍尔
译　　者：林文静
责任编辑：肖妩嫔
文字编辑：张祎琳
美术编辑：佟雪莹
出　　版：中国青年出版社
发　　行：北京中青文文化传媒有限公司
电　　话：010-65511272 / 65516873
公司网址：www.cyb.com.cn
购书网址：zqwts.tmall.com
印　　刷：大厂回族自治县益利印刷有限公司
版　　次：2025年10月第1版
印　　次：2025年10月第1次印刷
开　　本：787mm×1092mm　1/16
字　　数：140千字
印　　张：11
京权图字：01-2023-1539
书　　号：ISBN 978-7-5153-7943-2
定　　价：49.90元

CONTENTS
目 录

让教育专业化

教学是一项专业吗？大多数人认为是——毕竟，作为教育工作者，我们在专业学习方面花了不计其数的时间，而且通过获得学位和证书来证实自己的专业性。但确切地说，成为一名专业人士意味着什么？教育工作者可以像医生、工程师和律师那样宣称自己是专业人士吗？

我们相信教育工作者可以而且也应该认为自己是专业人士。

任何专业的核心都是共享的、精准的知识——比如医学解剖、工程学建筑设计原理或法学先例及法律原理等，相关专业人士对此有共识。我们将在这本书中分享这个理念：教学可以（也应该）有丰富可靠的科学知识基础。简言之，就像大夫诊断一个病人的疾病并提供诊治，教育工作者能够应用科学分辨学生的学习需求，并采取有效的解决方案来满足这些需求。

好消息是对于教育工作者而言这些教学解决方案不再是秘密，也并非遥不可及；你很可能已经用过许多类似的解决方案。然而，对于在研究论据基础上发展而成的有效教学原则，教育工作者经常缺乏共同理解。这方面与哈佛研究人员描述的相似："教师这个工作还没经过实践就试图成为一个职业。"换言之，尽管研究本该引领课堂实践，但老师们对于此项研究很少形成共识，很少有共同词汇来应用这项研究，也没有一起共事这样的文化氛围来应用研究证据指导实践。

相反，其他专业对于本职业的理解和语汇有充分发展，比如，医生们可以一起对病人进行诊断，确定病人病痛的原因，或工程师团队一起修建桥梁时分享设计图。尽管跟医学和工程学相比，教学这门科学比较新，但教学是一个强大的领域——教学应该是一个真正的职业，而不仅仅是一门艺术或谋生的行业。这本书的核心目的在于通过训练让教学变得专业化，这样的训练建立在认知科学和实验研究基础上，超越时兴一时的潮流或未经证实的理论。

真的需要对研究重新综述吗？

美国中部地区教育实验室国际（McREL International）20多年前开始一系列研究项目，本书当前整合的关于教学研究的综述都源自该项目的最新研究。当时McREL的一个团队将现有关于教学的研究整合成元分析研究。这个元分析研究便成为本书第一版的基础，转变了整个教育景观。在接下来的十几年，该书被译成十几种语言，全世界的教育工作者买了成千上万册《有效的课堂教学》。在21世纪初期，McREL开始更新元分析。两年努力的结果就是《有效的课堂教学》第二版（《提高学生学习效率的9种教学方法》）的出版。

现在，距离最初的元分析研究已经过去20年，《提高学生学习效率的9种教学方法》也出版10年了，我们相信现在又到了更新的时候。在过去的20年，教育研究有了显著的进展，创建了越来越多的研究成果；这些研究应用比之前精准得多的科学方法测量各种教学策略对学生学业的真正影响。

新一代实证研究的新洞见

美国联邦政府（包括世界其他地方）推动了这一波新研究，目的在于发现教育的"黄金标准"，从而有助于创建教学的新科学。尽管这些新研究反映并增强了我们先前两项研究的成果，但对于有效的课堂教学策略，它们也提供许多令人信服甚至令人惊讶的新见解。

简言之，新一代研究的亮点是它们应用科学的研究设计。新研究一开始随机分配学生到接受某个特别干预（如，应用某个教学策略）的诊治或实验小组，或者一个还是像往常一样上课的控制小组。应用科学的研究设计，有助于研究人员确保研究不会受其他因素的过分影响，这些因素包括学生贫困程度、已学知识以及以往具备的能力或教师的胜任度等，从而比较容易做出一些因果论断（X导致Y），教育工作者也可以更加确定各种教学策略对学生产生的效果。

早期研究的一些不足之处

本书的早期版本依赖当时的最佳研究成果，这些研究完成了两项重要任务。首先，这些研究分离出某个教学策略；其次，这些研究把策略对学生学业的影响量化。比起那些顶多夹杂一些例子或定性论据的理论文章，这些研究更令人信服，但很多仍然没有反映真正的科学研究。事实上，我们审读第二版时发现，只有一半的研究（99项中约有51项）可以归为科学设计的研究。

例如，在这些研究中有很多情况是没有随机分配老师和学生到实验组或控制组。一组学生被选来接受某个教学方法，然后研究人员把这组学生在干预前后的表现跟全体学生的表现进行对比。这样的研究方法会让一些隐藏的因素影响研究发现的准确性。比如，如果接受干预的学生本来学习成绩就好，在学习方面稳步地突飞猛进，那么教学策略可能显得比实际情况更有效。相反，如果实验组的学生跟全体同学相比，在迈向成功之路时遇到更多障碍，那么教学策略可能显得不是那么有效。

最初的元分析涵盖的许多研究也是相互关联的。比如，他们调查了学生汇报的每周作业的数量是否和他们的班级成绩有关（不足为奇，事实就是如此）。然而相关性不能证明两者的因果关系。作业做得更多一些可能成绩会更好，但其他因素也会起作用。汇报做完更多作业的学生可能更认真、更有动力或在课堂上更专注。也许是他们的父母唠叨他们做作业或督促他们考取好成绩。增加做作业的时间可能只是反映了学生对好成绩的渴望或（不管学生多么不情愿）完成作业、考取好成绩的动力，还有不想让父母一直在旁边唠叨。简言之，不管关联性有多强，我们无法得出必然的结论：老师应该给学生布置更多作业。

建立在教学研究领域的重要贡献之上

我们开展最初的元分析研究当然都明白这些。事实上，这是我们首先开展元分析研究的主要原因之一：我们想克服之前研究当中小样本和潜在混杂因素的缺点。从本质上看，元分析研究把许多小型研究结合成一个大样本——就像媒体做民意调查，它们创建了"民意上的民意"，即把较小群体的民意融入更大群体的民意，如此更精准地了解公众的情绪，失误也更小些。

类似地，在教育研究中，把若干小型研究（可能很难从某个小型研究中得出有力的结论）整合成一个大的样本，让研究人员更自信地确认某些教学策略对学生学习有益。这就是《有效的课堂教学》如此重要且极具影响力的原因：对于许多教育工作者而言，这是他们第一次接触以研究为依托、高水准的策略，并且我们把这些策略编成一系列易于理解的教学实践。

上面提及元分析研究有不足之处。如果没有仔细构建元分析研究，结果可能是把苹果和橘子混在一起——强行把多种研究变成单一的测量，尽管研究可能检测若干或稍微不同的途径或策略，比如不同类型的反馈（如，给出正确答案或形成性反馈）或糅合的策略（如，将以问题为依托的学习与合作型学习相互搭配）。元分析研究也可能隐藏了一些重要的细节。比如，一些对反馈的研究发现有些反馈对学生的学习产生消极影响，然而其他研究汇报这些反馈的影响是积极的，如果把这些研究放在一起审视就会看不到反馈的消极影响。不过我们还是想知道：为何出现这些不同？在某些情境中，反馈的帮助更多还是更少？

新一代研究的新途径

带着这些想法，我们采用一个不同的途径为这本书的第三版发展研究基础，我们相信这一途径足够新颖。作为启动，我们应用教育科学研究所有效教育策略资料中心（WWC）的综述标准来确保我们的研究基础应用真正科学的研究设计并接受同行评审。在这个过程中，我们找出105项基于课堂的研究，这些研究使用附带充足样本的科学设计，从而提供关于教学策略效果的有效因果论断。

再者，我们坚持的理念是真正的科学发现应该可以在多种研究中重复出现，本书强调的是在7项或更多研究中发现的有效策略。一般来说，在多个年级、多门学科以及多种学生群体中检验这些策略，这意味着基本上所有课堂都适用这些策略。

并且，我们这次不把这些研究通过元分析得到的量化结果融入某个单一效应值。如先前提及，这么做可能会隐藏研究发现的一些重要细节，并且很像制作香肠，把完全不同的研究塞在一起，结果产生某些东西，尽管卖相也不错，却模糊了来自最初研究的一些警告、不足和洞见。

我们没有展示某个个例的效果，而是汇报多少项研究支持某个策略，并使用WWC设定的"提升指数"列出每项研究各自的效应值。这个分数提供了一个普通学生（在第50百分位）接受干预后额外获得的百分位数。例如，10分这样的提升指数意味着实验组的一个普通学生接受干预之后会从第50百分位提升到第60百分位（而在控制组的普通学生仍然保持在第50百分位）。

我们这么做是想提醒读者，某个效应值只是对某个策略或某套策略效果的估量，而不是铁打的事实。对于相似策略的研究事实上很少汇报同等效应值（这说明这些效应值一开始都是估算的）。当我们审视的严谨研究产生效应值差异时，我们会解释为何会存在这样的差异，那么作为专业的教育工作者，你就可以自己判断，什么时候适合对学生应用教学策略，如何妥当应用这些教学策略。

最重要的一点是该书之前的版本突出了9类有效的教学实践，代表有效教学策略的定论，然而我们当前的研究综述没有从旧版本的这些结论开始。相反，像真正的科学家一样，我们从零开始，重新审视新一代的研究告诉我们什么是有效的教学，所有教师应该把哪些实践构建到自己的专业知识库之中。

关注多样性、公平性和包容性

为了给这本书搭建研究基础，我们特意找了这样的干预研究，即针对先前学习情况不理想的学生群体进行干预，这些学生包括不同种族的学生、贫困生、英语非母语的学生以及之前学习成绩差的学生。结果我们发现过去20年的大量实验研究明显关注的是为这些学生找到有效的干预。因此，作为我们研究基础的105项研究，大部分是针对多样化的学生群体开展的。具体而言，以下几点值得注意：

- 在课堂开展的55项研究中（占52%），有40%或更多的学生是非裔美国人、西班牙裔或印第安原住民。
- 在课堂开展的45项研究（占43%）中，有40%或更多的学生有资格申请免费或减价的午餐。
- 针对有学习障碍的学生或由于学习成绩不好可能学业不过关的学生开展了34项研究（占32%）。
- 在课堂开展的20项研究（占19%）中，有25%及以上的学生群体是英语非母语的学生。

我们样本（30项研究，占29%）里余下的研究在这样的课堂开展，即班级多数学生没有确认自己属于哪些群体，学生的人口数据也没有相关的汇报。这意味着本书的研究基础不是一开始就针对所有学生做研究，然后根据研究结果对多样化的学生群体进行推断；相反，我们的研究从多样化的学习者开始，找出被证明适用于多样化的学习者的教学策略。那么，读者自然会发现这个版本的许多策略反映了其他人认为的"与文化相关的实践"——包括让学生感受自己与学习密切关联，训练学生的批判性思维并学会反思自己的学习，以及帮助学生通过设定目标及同伴互助学习，积极看待自己作为学习者这样的身份。或许最有意义的是，大家发现这本书突出的许多教学实践缩小了一直处于边缘的学生群体和他们同伴之间的学习差距。因此，该书强调的这些策略以科学的方式定义教学实践，从而让所有学习者获得更公正的学习效果。

来自新研究的新指导

大家可能已经预想到我们新的教学法产生了一套与之前不同的高水准的教学策略。尽管这些策略也参照先前的版本，但它们在某些重要的方面还是有所不同。

策略规模变小

最引人注意的是，我们找出一小组策略——本书第二版（《提高学生学习效率的9种教学方法》）的9个学习类别中有48个策略，我们从中选出14个策略为本书所用。这不是意味着旧版提及的策略不管用了，而是根据我们的新分析，我们没能找到科学设计的研究来支持这些策略。然而俗话说，缺乏证据并非不在场。在一些案例中，有些策略虽然较少通过科学方式提炼出来（比如，问卷调查或相关性研究），但仍然有效。因此，我们不是倡导老师们抛弃先前版本提及的策略，尤其是当他们觉得这些策略有用时。我们的意思是从科学研究的角度来说，本书突出的策略有助于多样化的学生更好地学习。我们可以明确地说，老师们应该在他们的职业实践中了解、掌握这些策略。

每个策略的实用指南

只有当老师们欣然把策略应用到他们的课堂时，策略才有意义。尽管这本书以研究为依托，但我们的目的不是提供每个研究确切的细节，而是"直奔主题"，介绍在课堂上应用策略的实用指南。

我们也知道对于任何以研究证据为依托的教学策略最重要的是老师如

何更好地调整策略，让它满足学生的独特需求。因此，对于每个策略，我们突出从研究产生的指导原则，针对如何应用这些原则，我们提供了相应的课堂提示——不是规定一刀切的途径，而是当你应用这些策略满足每位学生的独特需求时，可以运用你自己的专业判断。

联结学习的科学

我们在《持久的学习》里讲述了学习的认知科学，本书提及的策略与学习的科学相关联。20年来我们帮助老师应用本书提及的策略，在此过程中，不断发现任何老师职业成长的真正拐点（当成为真正的业内行家）是当他们有意地使用有研究依据的策略（不仅知道什么策略管用，也知道什么时候、为什么这些策略管用）。因为不管学生来自什么文化背景，学习的认知科学反映每个人的大脑如何运作，给所有学生提供有效的洞见。因此，我们把这些策略跟《持久的学习》描述的6个学习阶段联系起来解说，展示老师如何使用这些策略帮助学生"关注新知"或"理解学习内容"。

策略的新工具箱

我们通过对科学研究全面的综述和分析提炼出14个教学策略，这些策略对于多样化的学生有显著的积极效果。表I.1遵循《持久的学习》提及的6个学习阶段来绘制这些策略。

表I.1　6个学习阶段以及相应的教学策略

学习阶段	教学策略
产生兴趣 首先必须对学习内容感兴趣，才能投入到学习中来，并发觉学习内容值得关注。	策略1：认知兴趣线索
投入学习 因为所有的学习都要求持续的脑力活动，学生学习时必须全神贯注。	策略2：学生设定目标并自我督导
聚焦新知 一旦学生对学习感兴趣并投入其中，他们必须通过能够帮他们掌握新知识和技能的方式迎接学习。	策略3：词汇教学 策略4：策略教学与示范 策略5：可视化教学
理解学习内容 所有的学习都会联结新知识和先前学过的知识，把想法整合成易于理解的结构或心智模式，并把没有关联的技能整合进更大的序列，用来解决问题及完成任务。	策略6：高水准提问和学生解说 策略7：引导下的初步应用及形成性反馈 策略8：在同伴协助下巩固学习内容
练习与反思 一旦学生理解学习并感受到学习的意义，他们必须多次重复训练，将知识储存到长时记忆中。	策略9：提取练习 策略10：间隔式混合型独立练习 策略11：针对性支持
拓展与应用 为了让学生记住新的学习内容并且之后能够应用这些内容，他们必须通过多种方式把握新的学习内容——应用这些内容解决现实生活中复杂的问题或者通过新颖的方式拓展这些内容。	策略12：认知写作 策略13：指导性探究活动 策略14：结构化问题解决

　　我们根据上述6个学习阶段搭建本书各个章节。大家在每一章能读到每个学习阶段的概述、背后的认知科学以及每个学习阶段关联的教学策略。对于每个策略，我们提供以研究为依托的指导原则及课堂应用的实用提示。在最后一章，我们提议教师之间合作，把这些策略融入自己的职业实践，确保教学成为可以在学校实践的职业，使得老师们可以一起让每位学习者走向成功。

Chapter One ｜ 第1章

让学生对学习产生兴趣

不言而喻，学习任何事情都必须集中注意力，对所学的内容感兴趣。听起来好像很简单，然而我们的大脑真的很容易忽略正在我们身边发生的事。这是因为我们的感官每秒吸收大约1100万个信息点，而我们的大脑每秒只能处理120个信息点。为了避免信息超载，我们的大脑就忽视我们所处环境的大部分刺激，只关注我们认为最重要的信息。

教学衍生的内容相当多。学生的大脑本来就容易忽略课堂上进行的多数事情。那么这时候就需要老师使用行之有效的技巧——我们称之为认知兴趣线索——让学习内容经过学生的智力过滤器，进入他们的大脑。在这一章，我们将分享来自科学研究的一些关键发现和实用策略，这些研究证明学生的兴趣是学习的关键前提。

研究表明

首先，我们将探索让学生对学习产生兴趣为何如此重要；其次，我们也将探究学生一到学校，他们的学习兴趣发生了什么变化。我们将分享一个激发学生的兴趣的"公开的秘密"，不过可惜的是许多学校和课堂都没怎么开发这个秘密。

学生的投入、教师的素质与学生的成功紧密关联

这是研究得出的第一个重要观点：学生的兴趣和动力很重要。研究表明，影响学业成功的因素很多，包括学校的办学质量和教师的素质、父母对成功的督促、先前的学习以及学生的兴趣与动力。结果表明，学生的兴趣与动力和教学质量一样都对学业的成功有影响，并且长期以来被视为关系到学生成功最重要的校内因素。兴趣和动力在学生学业成绩变量方面占大约14%的比重；教师的素质在学生的学业成绩变量方面大约占13%的比重。

在现实世界中，学生的兴趣和动力与教师的引导也经常相互关联；好老师能够激发学生的兴趣和动力。确实，实证研究证明，当教师注意激发学生的兴趣时，他们能够对学生的动力产生积极的影响——然后相应地体现在学习效果上。这当然是好消息，因为分析与学生成功相关的因素发现，学生的社会经济地位占他们整体表现变量的10%。换言之，有动力的学生和效率高的教师相结合，能够克服社会经济地位带来的障碍。

学生的努力可以弥补能力上的不足

兴趣和动力与学生的成功如此密切关联，一个关键的原因是动力一般会转换成努力。事实上，对教育的研究证实了一句古老的谚语："有天赋但不努力，勤奋可以战胜天赋。"花在做作业上面的时间可以用来衡量努力，例如，基思发现每周完成1到3小时的作业，那些所谓能力较弱的学生（在标准化能力测试中排名第25百分位的学生）考取的成绩跟那些具备平均分以上的能力但不做作业的学生（在标准化能力测试中排名第50百分位的学生）不相上下。相似地，具备平均分以上能力的学生如果每周多

花2到3小时做作业，他们就能考取跟学习能力好的学生（在标准化能力测试中排名第75百分位）一样的成绩。简言之，学生的能力不是一个固定不变的特征；每天仅仅25分钟额外的努力就能让学生提升到更高水平。学生的努力很重要。

学生在学校待的时间越长，好奇心和投入度就变得越低

尽管学生的兴趣和动力对他们的表现有很大影响，但在学校每待过一年，学生的动力越来越小，学习越来越不投入。例如，对5年级到12年级50万学生做的一项盖洛普民意测试发现，虽然大部分小学生（10名学生里面有8名）觉得自己"喜欢"上学——专心学习、好奇并感到乐观——但到了高中，这个数字减半。

当然，青少年表达他们的厌烦和无动于衷既不是新现象，也并非不同年代的人态度发生令人震撼的转变（我们在学校的时候谁没抱怨过无聊？）。不过，我们还得扪心自问这样的现象为何会发生。在中学，大家本该探索科学的奥秘、复杂而又戏剧性的人类历史、数学高贵的语言以及展示人性的文学作品，然而为何这么多中学生抱怨无聊？幸运的是，学生的无聊不是无法扭转的事实。多项研究指出，教师可以采用一些实用的方法激发学生的好奇心、兴趣和动力。

比起外在奖励，内在奖赏更有力地促进深层次的学习

几十年的心理研究表明有两种方法可以激励学生：（1）外在奖励（比如，用成绩、金星奖章或者贴纸来贿赂、劝诱学生学习）；（2）内在奖赏（比如，帮他们找到掌握新知识和技能的内在兴趣与意义）。外在奖励，有时被称为"胡萝卜加大棒"，在学校很常见。然而，如阿尔菲·科恩所

观察的，使用外在奖励激励学生，这种方法产生的实际效果是，久而久之学生开始觉得学习不是他们想做的事，而是他们不得不完成的活儿：如果他们想得到糖果、去操场玩耍的特权或者体面的分数，他们就得忍受学习。比如，当研究人员用曲奇饼干奖励孩子们画画（学习画画之前，对他们而言实际上是一种享受），之后这些学生就不那么享受画画，可能是因为外在奖励把之前的乐趣变成取悦别人而做的事。

依赖外在奖励的教师可能传达了错误的信息：学习是需要忍耐的考验，而不是从中得到乐趣并享受的机会。再者，40年的研究表明，外在的奖励只是促使学生完成较为简单的任务，而内在奖赏则促使学生完成更复杂的任务。某些学习形式简单但其本身对于学生而言不是那么令人愉悦，比如记忆基本技能和事实。教师偶尔使用外在奖励激励学生完成简单的学习任务是明智的做法，比如用小奖品奖励他们在乘法运算方面又超越了先前的高分。但如果目标是让学生投入更复杂的学习——比如，应用基本的数学知识解决真实世界的复杂问题，那么教师需要帮助学生从学习中发现内在奖赏，比如激发好奇心、个人体验以及兴趣。在第2章，我们将探索鼓励学生投入学习的不同方式。

好奇心既为大脑的学习预热，也有助于记住学习内容

大脑研究显示，激发好奇心不仅让学习变得更有意义，而且也有助于更好地记住学习内容。毕竟，这是我们作为教育工作者的真正目标：确保学生学习并记住在课堂上学习的内容。好奇心一般会让学生的大脑渴求新的学习，因而更能记住学习内容。所有这些综合起来就是学生的兴趣和动力，对成功而言必不可少。然而，大家也注意到，学生在学校待的时间越久，他们在学校感受到的兴趣就越少。

幸运的是，实证研究为我们指明了一个行之有效的策略来激励学生，以此激发学生的好奇心、兴趣和体验。我们称之为认知兴趣线索。

策略1
认知兴趣线索

认知兴趣线索给单元和课程教学搭建了一个框架，通过一些方式让学习变得有启发性，并且与学生关联，以此促进学生的学习。

实验研究指出，激发学生智力方面的好奇心以及让学习变得与他们自身相关，这么做的效果很好，我们称这个策略为认知兴趣线索。我们这里特意使用"认知"这个词，是因为关键在于让学生思考他们将要学习的内容。认知兴趣线索不是使用一些简单的花招或让课堂热热闹闹来吸引孩子们的注意力，这么做无法让他们的大脑做好学习的准备。相反，认知兴趣线索采用一些经过检验的方法帮助学生的大脑投入到学习中来，并让学生具备内在动力来学习。这些研究提供了令人信服的证据：老师们可以激发学生对学习的兴趣，并通过这种方式，提升学生的学业成绩。

我们选了14项具有显著效果的研究，这些研究里头的认知兴趣线索是干预的核心内容。干预的提升指数从8到49——相当于中等水平学生的成绩（在第50百分位）从8提升到49。这些研究在多个科目以及各个年级开展，面对的是各种类型的学生群体。有一点很重要，即认知兴趣线索并非单打独斗的策略；它们更多是进一步干预的关键元素，这意味着该策略应该跟其他检验过的策略融合起来。

认知兴趣线索的指导原则

以下提及的认知兴趣线索指导原则是从14项研究中提炼出来的。

有效的认知兴趣线索与期待的学习效果直接关联。

你可能熟悉这样的场景，有些发言人一开始就用简洁扼要的轶事或诙谐的笑话来抓住听众的注意力，但这些言语跟眼下的话题毫无关联。过后，你或许能想起发言者的笑话或轶事，却想不起他们发言的实际内容。老师们会在课堂上犯同样的错误。为了引起学生的注意，给学生播放一个好玩的视频、讲一个搞笑的轶事或者讲某个流行文化，这些如果跟目前的学习内容不相干，只会让学生感到困惑。因此，需要注意的是，所有研究过的有效干预里头，认知兴趣线索都是精心设计来吸引学生注意手头的学习内容，将他们的学习锚定在激发好奇心的问题或有意义的挑战上。

比如，有两项研究发现"强化锚定教学"有积极的成效——给有学习困难的学生介绍复杂的数学问题，这时可以通过一些导入性的视频让问题变得有趣且有所关联。比如有这样一个视频，讲述3个朋友试图按预算建一条滑雪坡道，这需要他们测量、把英尺转换成英寸、计算销售税以及解决其他问题。相似地，沃恩和同事发现某个产生积极效果的干预，即为8年级学生的社会研究课程构建一个包含"理解穹顶"的课程框架，这些学生多数是新来的双语学生或贫困生。每节课开始时，老师让学生做一个10到15分钟的练习，包括一个有趣的视频片段概述学习新课的目的，把新的学习内容跟先前的知识联结起来，并提示学生在这节课可能应用的思考策略（比如，比较与对比、因果、不同视角）。

亲手实践的学习体验提高学生的兴趣。

各种研究中的认知兴趣线索让学生通过参加实践活动，把抽象的概念转化为具体的谜语、挑战和需要解决的问题，从而激发他们的好奇心和兴趣。比如，加斯利和同事研究一门科学课的教学效果，这门课是针对多族裔的3年级学生开设的，课程结合一系列的认知策略（比如，回顾背景知识、提出高水准的问题、绘制图表、讲解课文结构），以及让人产生动力的训练，比如让学生参加亲手实践的学习（比如，解剖猫头鹰的粪球），然后再让学生阅读跟实践相关的有趣文章。跟单纯接受认知策略的小组以及接受传统教学的控制组比较，同时接受认知和动力策略的小组显然比单独接受认知策略的小组（提升指数=26）和那些单纯接受传统教学的学生（提升指数=46）表现得更好。

学习与个人关联让学生更有动力、表现更好。

实验结果也发现，帮助学生与学习做个人关联同时提高了他们的学习动力和成绩。比如，赫仑曼和同事发现在一门心理课上，大学生们写论文时把他们在课堂上学到的内容与个人的生活联系起来，这样不仅让他们对课程更感兴趣，而且考取的分数也更高。这个方法对于那些在课程前期学习兴趣和成绩不是特别高的学生益处更多。

阿南德和罗斯让5年级和6年级的学生（这些学生来自不同族裔，其中非裔占52%）参加三种不同版本的电脑辅助课程学习分数除法，然后比较学生的学习效果，结果证明了帮助种族多样化的学生群体将自己的学习与自身关联的益处。第一种情况是把学生的个人信息（比如他们的朋友、兴趣、爱好）融入数学题。第二种情况用具体的（真实，但仍是假设的）语境展示数学题。第三种情况则采用传统的抽象模式讲解数学题。实验结果表明，比起那些只接受具体语境中的数学题（提升指数=31）和抽象展示的传统问题的学生（提升指数=44），接受个性化问题的学生不仅对学习更感兴趣，而且在后期的测试中也表现得更好。

同样地，科多瓦和莱帛发现，研究结果证明，比起那些参加类似的数学游戏却没有奇幻故事作为框架（提升指数=49）的学生，或者玩宇宙飞船奇幻游戏但不加入个人细节（提升指数=37）的学生，参加游戏化数学学习（通过解决数学问题以"驾驭宇宙飞船"），并且把一些个人信息（比如自己和朋友的名字以及最喜爱的食物）融入游戏中的学生，对学习更感兴趣，而且学习效果更好。在另一个研究中，有一项对小学生的干预促进了他们的社会科学课程学习（提升指数=49）和科学课程学习（提升指数=48），研究证明有显著的积极效果。该项目当中一个重要成分包括一整天的概念课程，旨在通过把学术概念与种族多样化、来自低收入家庭的学生的个人生活相联系，来激发学生的认知兴趣。所有这些研究证明了帮助学生把学习与个人关联起来的力量。

挑战认知的学习提高学生的兴趣。

多种研究证明不需要特意让成绩不好的学生学简单易懂的课文。事实上他们会从有挑战的材料中受益——让他们接触认知复杂的想法，并让他们接触能够读懂却发人深省的课文。比如，一项大型研究涉及市区高度贫困中学将近4000名学生，研究中的干预是让学生读知名作家写的有趣的、挑战认知的文本（比如，兰斯顿·休斯、赛珍珠、艾萨克·阿西莫夫的作品），然后不断完成有挑战的写作练习（比如，"按欧·亨利的风格写一个故事"）。在阅读词汇（提升指数=13）、阅读理解（提升指数=10）以及语言表达（提升指数=15）方面的测试中，实验组的学生显然比接受往常教学的控制组学生表现得更好。

类似地，基姆和同事有一个提升阅读效果的项目，这个项目做了一年之后发现积极效果，该项目针对多族裔的中学生群体（50%为非白人），这些学生在校学习期间的阅读情况不理想（分数差不多在第30百分位）并且家境中等或高度贫困（49%—90%的学生接受免费或减价的午餐）。这个项目的实验组学生阅读认知复杂、与个人相关、基本可以理解的虚构类和非虚构类作品。简言之，不要误以为把学习简化或使之"变得肤浅"就能让学习内容变得容易掌握，干预旨在通过让学生接触可读性的文本，从而挑战他们的思考并激发他们的兴趣。结果证明，接受干预的学生不仅阅读更投入（提升指数=31），而且阅读理解水平在数据上也有显著的提升（提升指数=8）。

认知兴趣线索的课堂提示

上述研究证明，让学生接触挑战认知的概念和想法，让他们参加亲手实践和相关的学习，并帮助他们把学习和个人关联起来，这么做能够很好地激发学生的兴趣和好奇心。未能激发学生对学习的兴趣实际上相当于让学生克服自己大脑的天然过滤器来注意课堂上发生的事情。激发学生对学习的兴趣能够让整个学习过程变得更富有成效和更快乐。这里有一些实用的提示有助于把这项研究转化成课堂实践。

激活原有知识并揭示知识缺口。

激活原有知识是激发学生兴趣的一个好方法。好奇本身只是意味着意识到自己某方面知识的欠缺，这需要一个"参考点"。学生在对某话题感兴趣之前得对这个话题的某些方面有所了解。比如，如果你最近刚领养了一只小狗，那么你可能对训练狗更感兴趣。

在课堂上，帮助学生看到自己缺少某方面的知识，把原有知识和新的学习关联起来，这一点很重要；这相当于创建一个他们想去抓挠的智力之"痒"。如果你准备激活学生原有知识来激发他们对新知的兴趣，你可以使用这样一个简洁明了的模板："你知道_____，但你知道_____

吗？"比如：

- 你知道如何计算方形面积，但你知道有一个"魔法般"的公式来计算圆形面积吗？

- 你知道中美洲丛林的一个古文明遗址，但你知道这个曾经强大的文明是如何消失的吗？

- 你知道人们经常通过"滑坡"理论预测小举动会导致灾难，但你知道这样的说法实际上是逻辑谬误吗？

提问当然是好奇的核心。当你为某单元或某节课备课时，先考虑学生原有知识能带来什么，然后再考虑他们将迎接的新的学习。这样有助于你给学习内容设置一系列的问题来帮学生激活他们已学的知识，并把这些知识跟即将学习的新内容联结起来。表1.1列举了一些根据课程内容编排的例子。

激发好奇心。

这一章突出的许多有效干预都是从老师提出问题引发学生的好奇心开始的。从研究中我们总结了一些经过验证的激发好奇心的方法。

奥秘。亚利桑那州立大学的心理学家罗伯特·西奥迪尼写了一篇文章，标题为"引起学生兴趣的秘密武器是什么？答案就在标题里"。然后他在这篇文章中分享了自己的顿悟：西奥迪尼仔细研究了几十篇科学文章，试图弄清如何让学生对复杂的内容感兴趣。西奥迪尼注意到，最好的科学作家一般不会在文章开头写"在这篇文章里，我将论证我的XYZ理论"。这样的开头只会让人打哈欠。相反，他们提出问题——诸如"土星的外环是由什么构成的——岩石还是冰？"。然后在解开谜底之前，为话题制造悬念——比如支持岩石或支持冰的争论。（这个案例的答案是土星的外环是由岩石和冰构成的。）在课堂上也可以把学习的内容当成一个

表1.1 用原有知识设计问题来提示认知兴趣

语言艺术	数学	科学	社会科学	艺术
你们对动词都很熟悉。但有些动词是弱动词，其他动词是强动词……好的作家会用强动词来"增强"句子的气势，这一点你们知道吗？	你可能听说过数学预测——比如，某个体育团队有60%的概率赢得一场比赛。但这真正的含义是什么？	根据你对5种动物群体的了解，你认为哪种动物最能适应寒冷的气候？	你们都用钱买过东西。但你们有没有想过钱为何可以用来买东西？我们为何接受一张纸来交换货物和服务呢？	我们从颜色的混合中学到了什么，能够帮我们做出一个带有不同色调的单色马赛克？
你有过这样的经历吗？好像读了什么，然后意识到自己并没吸收读过的内容？我们如何通过细读避免这样的情况？	我们都会用线性方程描绘比例一致的关系。但如果关系没有一直保持一致呢？	你们都见过万物生长。你认为是什么在它们的内部深处促进它们生长呢？	你们听过人们批评总统和其他选出来的领导人吗？你们知道在许多国家这样的批评是非法的吗？我们怎样才能纠正这样的做法？	我们学过小和弦和音阶的"规则"。如果我们用额外的半音音符，比如"蓝色音符"来"打破"规则，曲调听起来会怎样？
人们看待同一件事可以有不同的视角，这一点你注意到了吗？学习这个单元期间，我们将学习作家的不同文化背景、各自经历如何影响他们的创作视角。	我们如何应用已学的数学模型来预测满足干旱区域（比如美国西部）人口增长需要多少水？	如果夏天你去某个海滩，可能感受到白天徐徐海风和夜晚陆地的微风。什么科学原理可以解释这些现象？	我们看到罗马如何奋力维持一个横跨大片水域和土地并融合各种独特文化的帝国。如果一个帝国的疆土统领各个地域和文化，比如中国秦代，那么这个帝国会有何不同？	你了解美国的现代舞，那么从哪些方面现代舞反映了这个国家独特的文化、传统以及族裔？

等待解开的谜。"是什么导致毛茸茸的猛犸濒临灭绝？""美洲殖民地军队如何以寡胜多打败英帝国？""科学家们如何测量远在天际的星球的距离？""钟发明之前人们用什么计时？"

争议。研究表明，争议也能引发好奇。在一个著名的实验中，劳莱和约翰逊把5年级和6年级的学生随机分成几个小组。其中让一个小组始终赞成某个特定的话题（比如，露天采矿这个话题或狼已经灭绝这个命题）；鼓励另外一个小组对同样的话题发展自己的论证。第二个小组的学生显然对话题更感兴趣，他们找到更多跟话题相关的信息，而且更可能放弃某个休息时段来观看关于该话题的某部电影。

没错，一些争议可能太棘手，无法在课堂展开（可能甚至官方不允许讨论这些争议），但仍有许多争议可以展开讨论。这里有一些例子：

- 我们是命运的受害者吗，就像"苦命鸳鸯"罗密欧与朱丽叶？还是说我们能够掌控自己的境遇？
- 减少二氧化碳的一种方式是建设核电站；探讨这种能源的优缺点之后，你的看法是什么？
- 有没有别的方法计算这个不规则形状的面积？哪种方法更好？为什么？
- "社交媒体给年轻人带来的弊大于利。"你将如何回应这个陈述？请用事实与逻辑来支持你的论点。

谜语和悬念。不完整的句子（比如，1、2、3、5、8……接下来是什么？）、没有讲完的叙事（比如，插播广告前的悬念）以及尚未解开的谜（比如，$5+x=8$，$12-x=9$，x是什么？），这些都能制造悬念。你可以用这里的一些例子在课堂上制造悬念。

- 我们看到拉尔夫和杰克的个性非常不一样。他们都是领头人，但两人之间的关系紧张了起来。现在孩子们独自在小岛上，你认为会发生什么？

- 我们知道把苏打和醋混在一起产生二氧化碳。当我们把这样的混合物倒入一个点燃蜡烛的罐子里，会发生什么？

- 我们知道欧洲在20世纪初期形成复杂的联盟。假如其中一个国家的领导人被暗杀，接下来会发生什么？

- 正方形在哪个点会变成长方形？

认知冲突。当学生遇见某些跟已学知识和观念有冲突的学习内容时，他们也会变得好奇。比如，当他们了解从凉爽的山顶吹下来的风让下面的峡谷变得更暖和，而不是变冷，或者让超市的顾客品尝各种口味的果酱，顾客反而不太想买，还不如就给顾客几种选择。认知冲突让学生思考"这是为什么？"。

学生常见的误解经常是创造认知冲突的最好方式。这里有一些例子：

- 在某场篮球比赛中，运动选手们连续投中几次球，他们当中真的有人"手气好"（就像许多人想的那样）吗？还是说这一连串成功的投篮只是反映了随机性及数学概率？

- 许多学生认为学习的最好方式是重读一个章节好几遍。事实并非如此。今天我们将学习一个更好的策略。

- 当某个国家和某个大国发生军事冲突时，大国总能赢吗？情况不总是这样的！

- 椅子含金属的部分和含布料的部分，哪个更凉快？事实是它们具有相同的温度。触摸椅子的金属部分感觉更凉快些是因为我们今天学习的内容——"热量转移"。

- 除一个分数的时候，为何数字变得更大？

- 当你用一个整数乘以一个小数时，乘积比原来的整数小。如果用小数做除法将会发生什么？

好莱坞有个原理，认为一部电影要是没能在前10分钟吸引住观众，票房肯定惨败。对于课堂和单元学习或许也可以这么说。就像电影观众，学生各自的兴趣不一，需求、动力以及文化视角也都不一样。有些人喜欢悬疑片，其他人喜欢解决问题或解开谜语。一些学生帮助别人的时候很有动力，一些学生想撸起袖子亲手实践。没有哪个单一策略就能点燃每位学生的想象力，激发他们的好奇心，或者让他们与学习关联起来。因此，就像一部好电影，最好设计多种"兴趣点"吸引学生学习。你可以在课程单元备课时，找出多种方式吸引学生学习（见表1.2勾勒的过程）。

表1.2　如何激发好奇心

学生将学习什么？	激发好奇心	与学生的生活关联
他们将使用什么已学知识并对这些知识有所改动？ • 你知道 _____，但你知道 _____ 吗？ • 这个学习内容通过……建立在我们已学的知识之上。	**奥秘** 未知的是什么？	学生将如何应用他们学习的内容？
	认知冲突 常见的误解是什么？	学生将如何应用他们在校外学习的内容？
	悬念 将会发生什么？	学习内容与他们的生活有何关联？
	争议 争论的点是什么？	他们如何应用所学知识帮助他人？

帮助学生与新的学习内容关联。

对高中生和大学生的研究证明了鼓励学生对新的学习内容做个人和实

用的关联可以提升动力并促进学习。年龄大一些的学生可以通过提示性写作让他们把正在学习的内容与自己的生活关联起来。年龄小一点的学生做这样的关联可能需要老师的帮助。向学生展示如何在现实世界应用他们正在学习的内容，一开始用这个方法做关联很不错。这里有一些例子：

- 加法、减法、乘法以及除法是我们常做的运算。比如，假设你的菜谱是做4份菜的量，菜谱里说需要1杯半的牛奶和2¼杯的面粉，但现在你需要给6个人做烘焙，这时你该怎么办？

- 你见过什么有趣的东西想对他人描述吗？我们将学习作家和诗人如何用言语在他人的脑海里描绘画面。

- 我敢肯定你不喜欢生病。在这个单元，我们将了解什么让我们不舒服，我们不舒服的时候身体发生了什么，这样，我们生病的时候，可以帮助自己的身体打赢体内激烈的战争，让我们更快康复。

- 你知道大多数运动员使用角度的知识让他们在比赛中获胜吗？我们将学习各种角，以及它们如何帮助运动员（以及我们）提升表现。

- 政客因在他们的演讲中扭曲事实而臭名昭著。我们将学习如何辨认虚假的言论，用可靠的事实和细节取代它们。

- 在接下来的几节课上，我们将学习地心引力和离心力，这是帮助你们骑车时保持平衡的两种力。

- 看懂针式时钟为何重要？我们将学会读懂教室后面的时钟，这样，你只需一瞥就知道什么时候课间休息、吃午餐的时间以及每日的特别时段。

了解你的学生。

因为学生带着不同的兴趣、动力以及文化视角来到你的课堂，找出激发他们兴趣的点需要你超越自我、不拘泥于自己认为有趣的东西。相反，要逐步找出学习内容的哪些方面让你的学生产生共鸣。新学期伊始，简单的书写提示可以帮你更多地了解学生的个人生活与兴趣：

- 当我_____时经常忘却时间。

- 我现在好奇的一件事情是_____。

- 如果我可以对世界做一个改变，那会是_____。

- 多数人不知道我有个有趣的点是_____。

- 我的家庭教导我的一个价值观是_____。

- 我最想见的历史人物是_____，因为_____。

- 作为我的老师，我想您应该了解的关于我的最重要的一点是_____。

你对学生了解越多，你就能更好地让他们与学习内容关联。毕竟，比起告诉学生该怎么思考或感受他们的学习，让学生自己找到学习的兴趣点和理由更重要。

❖ 小结 ❖

无法专心学习的学生……还是无法让人投入的课堂？

我们常听老师抱怨他们的学生没法专心学习，好像不专心是一个性格特征或缺陷。然而，研究证明，学生不专心学习是对课堂境况的一种回应。直白地说，课堂如果不够吸引人，学生就会不专心。

在这一章，我们回顾了一些简明的策略，你可以用来激发学生的好奇心、引起他们对学习的兴趣。没错，老师需要额外的时间准备和应用这些策略，但这么做是值得的。如果你的学生在课上不专心听讲——如果他们觉得学习内容没意思、与他们不相干或者没有意义，那么可以明确的一点是他们学不到什么。

当然，激发学生的兴趣只是学习过程的开始。然而，它可以增强其他有效的教学策略的效果，对于表现不好的学生能够带来触手可及的益处。在第2章，我们将探索学习的另一个阶段——保持学生对学习的兴趣，即帮助学生自觉学习，并把学到的内容导入长时记忆。

Chapter Two ｜ 第2章

帮助学生投入学习

深入学习任何东西都需要持续的精神能量：集中注意力、理解所学内容、训练，而且需要经常复习直到这些知识深刻地嵌入长时记忆。简言之，学习要求我们的大脑在长时段中保持精神饱满。然而，如同认知科学家丹尼尔·卡尼曼所指出的："大脑的主要特征之一是懒惰；除非绝对必要，不然大脑不会乐意投入更多努力。"这意味着，学习任何东西的时候，我们务必说服自己的大脑付出努力、保持精神饱满并专注于学习是有意义的。要做到这一点，就需要对学习投入，这是6个学习阶段的第2个阶段。

在这一章，我们将探索来自认知科学的一些关键见解以及来自实验研究的重要发现，从而指明一个实用的策略帮助学生投入学习。

研究表明

我们先从认知科学的研究成果说起，这些研究揭示了为何学生常常难以投入学习，这解释了激活学生大脑强有力的化学物质的重要性，大脑需要这样的物质来充电，并保持"精神饱满"。

学习需要巨大的精神能量

学习的过程需要卡尼曼所说的"努力思考"。他解释大脑有两个运作体系。一个是快思考的大脑，这样的大脑自动运作、不假思索，这一般是因为它重新激活已学知识，这些学过的内容已被转换成大脑内在的文本。比如，一旦你学会骑自行车，你大脑的快速思考体系就开始运作，让你轻松地在街上骑行，对于如何保持平衡、把握方向以及踩脚踏板不用想太多。第二个体系是慢思考的大脑，它需要注意力集中。比如，第一次学骑自行车，你需要把所有的注意力都集中在如何踩脚踏板、直线骑行以及保持平衡上。如果注意力受到干扰，慢思考的大脑运作体系很容易被打断——比如，当一个骑车新手试图朝摄像机挥手，这时自行车可能马上转变方向，撞到马路边上。一般来说，在我们的大脑里，慢思考的运作体系（它与意识流相似）起主导作用。然而，卡尼曼提到大脑不时想溜回低能量模式，避免学习和其他需要努力思考的事情，尤其是如果这样的努力没有得到任何的奖励。这就引领我们思考下一个重要的想法。

设定和实现目标让学习更有成就感

幸运的是，一些思考方式相当有益，能够说服我们的大脑保持精神饱满。满足好奇心让大脑充满多巴胺的奖励，实现目标也是如此，甚至连一些简单的事情，比如完成任务清单的某项任务也会带来一个多巴胺奖励。简言之，实现目标让人感觉很好并能够保持积极的状态——这样的积极状态足以说服大脑所有努力的思考都是值得的，因为最后都会得到多巴胺的奖励。

当然，我们还需要不等别人给我们设定目标，而是为自己设定目标，这样的目标更有意义。比如，多数人不喜欢别人给他们设定（哪怕是建议）新年目标。然而，现实中老师就是这么做的：给学生学习目标，却没有让他们自主把握这些学习目标。要想真正让学生投入学习，老师需要帮助学生设定个人学习目标，这样他们能够看到自己所学知识有价值并且可以学会。

学生更可能追求他们觉得有意义并且可以实现的目标

研究人员吉尔·布罗菲针对学生的学习动机做了25年的研究，他把这些研究合并成一个简单的公式：价值×期待。你可以帮学生处理方程式的前半部分——价值——使用认知兴趣线索说服他们的大脑他们想学某些东西（比如，因为想学的东西令人着迷），需要学习某样东西（比如，因为需要学的东西能够帮助其他人）。然后，你可以这样处理方程式的后半部分——期待，即帮助学生把大的目标分解成几个小步骤，从而创建一条通往成功的道路。比如，班杜拉和申克几年前做的一项研究发现，比起那些设定"遥不可及"的学习目标的学生（比如，希望7节课完成42页讲义）或者没有设定任何目标的学生，设定切实可行、短期个人目标的学生（比如，每节课完成6页讲义）获得了更大的成功。

掌握型目标比成绩型目标更强大

真正帮助学生投入学习的目标应该设定成以学习为目的的目标，而不仅仅是为了应试。在一系列的课堂实验中，斯坦福大学研究人员卡罗尔·德韦克和她的同事证明设定成绩型学习目标的学生——反映了他们想"看起来聪明……不要让人觉得自己笨"（比如，我想在我的英语课上得A）——在学习过程中面临挑战时更容易感到无助、能力不足以及沮丧。而设定掌握型学习目标的学生反映了一种内在的"学习新技能、完成新任务或理解新事物的渴望——变得更聪明的渴望"（比如，我想成为更好的作家），这样的学生更可能从容地接受一开始的失败，然后继续努力实现他们的目标。

当学生把努力与成功联系起来时，更易于投入学习

直接教学生把努力和成功联系起来，这一点很重要。心理学家马丁·塞利格曼一直在研究为何有些人更成功。他发现成功人士倾向于把他们的成功（和失败）归因于自己的努力（或者不够努力）而不是运气或不幸——他把这个特征称为"习得性乐观"，反之则是"习得性无助"。塞利格曼注意到习得性乐观经常在"掌握型学习经历"中出现——体验成功的机会，包括完成小目标。随着时间的推移，当学生设定并实现目标时，他们看到自己的成功不靠运气或天赋，而是自己努力的结果，因此更倾向于把自己当成命运的主人。

这个叫作命运掌控的因素，在学校所能掌控的诸多因素中，对学生学业成绩的影响更为显著，其积极（或消极）作用远超其他任何因素。事实上，在过去的几十年里，研究人员发现，学生具有内在控制点（比如，他们相信自己可以通过行动塑造自己理想的人生），还是有外在控制点（比如，他们看到超出自己掌控的外在力量塑造境遇），是学生学业和人生成功与否的重要预测因素之一。比如，高中辍学的学生一般受外在控制比较多，而来自低收入家庭但成绩好的非白人学生可能内在的控制点比较多。

对于处于社会边缘地位的学生，强大的内在控制感能抵消"刻板印象威胁"带来的消极影响。所谓"刻板印象威胁"，指的是学生在感觉自己可能因自身种族、性别或其他社会身份而受到评判时，表现就会变得不好

这一广为人知的现象。理查森和同事发现，对自己生活的掌控感、学习上的自我效能感以及以目标为导向等因素共同作用，能够解释大学生平均绩点约20%的差异。这跟他们的高中成绩和入学考试成绩的预测能力相当。

策略2
学生设定目标并自我督导

让学生设定目标并督导自己实现目标，这有助于他们持续地投入学习。

尽管大脑更喜欢避开学习需要的努力思考，但研究表明设定目标能够有效地克服大脑这种避重就轻的自然倾向。当你帮助学生设定并实现个人的学习目标时，你正帮助他们训练自己的大脑，使其期待通过努力思考获得多巴胺奖励，从而保持对学习的专注投入。或许最好的消息是让学生不断设定并实现各个学习目标，这样老师们可以让学生看到努力是成功的关键。目标设定有助于形成学生在学习和人生中不断成功的内在控制点。鉴于这一切，实证研究指出，有一种简单却有效的课堂策略来帮助学生投入学习也就不足为奇了，那就是学生设定目标并自我督导。

我们发现16项有显著影响效果的实证研究（提升指数为14—47）可以用来做干预，其中也涵盖学生的目标设定。在所有科目、不同年级以及不同学生群体中都能看到这些干预的积极效果。在多数研究中，学生设定目标这个策略跟其他教学策略是绑定在一起的，这么做合乎情理。毕竟，对于学习而言，目标是必要的，但仅有目标还不够——学生仍需要有效的学习体验来实现他们的目标。虽然如此，不少研究人员把设定学习目标这一策略单独提取出来研究，发现鼓励学生给自己的学习设定目标对学习效果有强大的影响。

学生设定目标并自我督导的指导原则

针对学生设定目标并自我督导，我们从研究中归纳出以下几条关键的指导原则。

具体、可实现的目标对于完成简单明了的任务相当有效。

没必要设定宏大的目标，尤其是当手头的学习相对简单时。事实上，对于不太复杂的任务（比如，记数学知识点、修改文章），如果目标清楚并且可以实现（比如，答题正确率比之前有所提升，在他们的作文里补充一些细节），学生一般表现得更好。如同我们在大脑研究中了解到的，实现简单明了的目标能够给学生带来充足的多巴胺，这让学习变得有意义，因而有助于学生持续投入学习。

具体的学习目标比模糊的学习目标好。

一直以来，比较学生设定具体目标和模糊目标（比如，目标里说的"尽你所能"）效果的研究证明具体的目标效果更好，而模糊的目标效果较差。例如，申克和斯沃茨比较将近40名4年级学生的写作情况，他们接受相似的写作教学指导，但四个目标设定条件各不相同：

- 第一组关注过程目标，比如，学习如何采取某些步骤写一个描述性的段落。
- 第二组关注同样的过程目标，但每节课收到3到4次的进度反馈。
- 第三组关注成果目标，比如，设定的目标是写一个描述性段落。
- 第四组（控制组）设定模糊的目标，类似"尽你所能"。

尽管一开始学生展示相似的写作能力，但经过6周的干预，设定过程目标和收到反馈的学生，在写作技能测试中获得的成绩明显比那些只是设定过程目标（提升指数=33）、成果目标（提升指数=40）或者模糊目标（提升指数=50）的学生高很多。

给学生相应的反馈，设定的目标更有效。

若干研究证明，把目标设定和进度反馈或督导相结合效果更强大。比如，富克斯和同事比较以下两种教学效果：一种是将目标设定和自我评估融入遵循教学大纲的教学（比如，教学生把数学答题方法应用于不同的问题），另一种只是按大纲教学。他们的研究对象包括来自不同族裔的学生（多于60%是非白人）和来自低收入家庭的学生（多于60%的学生接受免费或减价的午餐），以及有学习障碍的学生（多于67%）。第一实验组的学生设定的目标是超越自己之前的高分或获得完美的分数，之后给自己判分并跟踪每日进度。第二实验组的学生只是参加遵循大纲的教学，没有设定目标或自我评估，还有一个控制组接受的是传统的课堂教学，也没有设定目标。针对学生是否具备应用解决方法解答不同问题的能力的测试当中，不管是随堂测试还是课后测试，与仅仅按大纲教学的小组学生相比，设定目标并自我评估的小组的学生显然表现得更好（提升指数分别是17和22）。

学生应该设定掌握型目标而不是成绩型目标。

许多研究证明，鼓励学生设定掌握型目标而不是成绩型目标效果更好。比如，米吉特和同事随机分配5年级和8年级的学生使用3种不同类型的目标设定策略修改议论文的初稿。给第一组一个模糊的目标，即"对文章做一些你认为能提升文章质量的修改"。鼓励第二组设定有具体内容的目标，即给他们的作文"补充论证和论据"。鼓励第三组实现一个拓展的掌握型目标，即思考谁会反驳他们的观点、如何反驳。与内容目标组的学生相比，第三组的学生提交的终稿更有说服力（提升指数=19），而内容目标组的学生比笼统目标组的学生表现得更好（提升指数 =18）。这些研究结果表明，帮学生设定的目标，如果关注的学习目的更宏大一些——在这个案例中，目的是说服有疑问的读者——那么比起那些只是为了写一篇好文章或仅仅为他们的文章补充一些细节的目标，这样的目标更强大。

具有成长型思维模式的学生更可能为实现目标而付出努力。

卡罗尔·德韦克几十年的研究发现学生成功的一个强大预测因子：从多大程度上学生倾向于持有成长型思维模式而不是固定型思维模式。设定和实现掌握型目标可以支持德韦克的这个研究成果，或许这是最重要的一点。采取成长型思维模式的学生认为成就或成功是努力的结果，而不是依靠天赋，因此他们更可能为实现目标而付出努力。他们明白大脑就像肌肉，越用越强大，同理，学习需要努力、实践和复习。相反，持有固定型思维模式的学生觉得成就或成功是天生的，而不是通过努力赢得或发展的。结果，他们在挑战或挫折面前会感到无助，认为反馈就是批评，最终学到的知识就比较少，作为学习者也不是那么成功。

在一个受控的课堂实验中，布莱克维尔和同事证明了教导学生设定目标时培养成长型思维模式具有强大的力量。通过一系列25分钟的课堂，研究人员教一组随机选出来的7年级学生，他们先前数学学得不好，然而实验证明通过努力可以提高他们的智力和能力。随堂阅读、讨论和活动让学生深刻地感受到，大脑就像肌肉，频繁使用就能够变得更强大，而且作为学习者他们可以掌控、使用自己的大脑。在学期末，相比之下，实验组的学生不仅展现了更强大的成长型思维模式，而且数学成绩也不再下滑了，而控制组学生上了8节记忆科学的课，实验组学生考取了明显更高的成绩（提升指数=20）。

学生设定目标的课堂提示

目标给学生带来挑战。目标也挑战老师，老师要很清楚想让学生学的内容以及为何要学这些知识。这些研究审视的干预实际上多数都是具体的、短期的目标，关注学生在限定的一段时间内学习的内容。在一些案例中，学生的目标偏向长期，比如为某堂课或某个单元设定掌握型目标或者展望一个渴望的未来状态并设定人生目标。

短期和长期目标都挺有用的。回想布罗菲的动机方程式（价值 × 期待），短期目标可以通过帮学生把学习内容分解成一个个可以完成的小任务来实现学生的期待。长期目标，尤其是跟掌握型目标绑定的那些目标，可以帮学生看到他们当前学习的价值。当然，帮学生设定一个心服口服的个人长期目标需要你明晰想让学生学习的内容以及让他们学这些内容的原因。

在《惟学无际》这本书中，我们建议老师借鉴麦迪森大道广告主管的做法，给学生指出WIIFM（这对我有什么好处？）。你越能帮学生把他们的学习目标和掌握有用的知识与技能联结起来，追求他们兴趣或满足他们的好奇心，你就越能帮他们保持对学习的投入。带着这些想法，我们提出以下实用的提示帮助你的学生带着有挑战的、可实现的以及有意义的学习目标投入到学习中去。

明确地教学生设定目标并帮学生内化目标的重要性。

本章突出的这些研究证明很少有学生能自然而然地掌握设定目标这一技能。你得教学生如何设定目标并让他们懂得在自己的人生中设定目标的力量。有一种做法是——尤其对那些一开始可能缺乏内在控制感的学生来说——帮学生设定短期、切实可行的以及可以衡量的目标，让学生有机会通过努力获得成功。另一个方法是鼓励学生和某些可能想放弃学业或觉得自己在学校不受欢迎的学生分享目标设定的力量。

有一项涉及一年级大学生的实验，学生当中有黑人和白人，进一步证明了教不同学生群体如何设定目标的益处。实验组成员阅读的材料表明，所有学生，不管种族或背景，都在大学一年级的时候经历过暂时的挫折和自我怀疑。接着让他们把自己的经历跟阅读的内容联系起来，传递给其他学生一条信息，安抚他们在大学产生归属感方面的疑虑是正常的，挫折是暂时的。尽管这样的干预对于白人学生没什么影响，却大幅度提高了黑人学生的成绩绩点，最终成绩差距缩小了79%，全班前四分之一的优秀学生当中，黑人学生增加了3倍。这些积极结果的关键之处看起来像是"说就信"的效果。简言之，和他人分享坚持目标的益处帮助学生将这些态度内化。

确保目标和学习目标是具体的。

如我们所见，模糊的目标和学习目标对于学生学习的影响不大。给学生的目标以及学习目标越清晰，他们越易于投入学习；他们确切地知道老师期待他们做什么，路上的每一步会获得什么样的成功。这对于多数学生而言相当有益，尤其是年纪小一些的学生或那些努力面对学习困难，通过把学习分解成几个小部分获胜的学生（另一方面仍要确保这些学生在大脑里保留更大的画面）。如申克和斯沃茨的研究证明，如果学生学习如何撰写描述性段落，他们的目标应该帮助他们不只关注当前段落的撰写，也注意掌握撰写有效段落的过程。以下描述有助于分清目标、学习目标和成功标准之间的层级关系：

- 长期目标：在写观点型作文方面，我们将能娴熟地使用数据和相关细节，从而在写作中有效地交流我们的想法。

- 单元学习目标：我们将写一篇观点型作文，包括来自可靠信息来源的论据，因而说服他人赞成我们的观点。

- 成功标准：
  - 因为我学习如何自己写一篇有效的观点型作文，所以我能分析观点型作文的优点和缺点。
  - 我可以解释我是怎么知道自己选的细节是可信的。
  - 我能和搭档讨论劝说和告知之间的区别。

除了长期目标和单元学习目标，学生也可以设定日常学习目标或成功标准（见表2.1）。

注意表2.1学生的学习目标如何通过描述具体的目标，诸如"如何""什么""为什么"，把模糊的目标转换成对学生更有意义的目标。一旦学生知道他们将学什么内容（什么让结论变得有效），他们为何要学这个内容（这样我们可以写一个强有力的结论段），以及他们如何投入学习并督导自己的进度（和我的小组成员分析两篇观点型作文，并在班级图表上列出有效结论的特征），学习就有了一个清楚的路径以及动力。

使用第一人称帮助学生将目标个性化，作为成功的标准。

只是在教室前面贴一张学习目标，而学生没有把这些目标转换成个人的目标，就很难提升学习。我们参观教室时，常常看到框起来的教学目标（比如，"今天的课程将重点讲……"）。然而对于许多老师来讲，一个关键的突破是把学习目标的表述转换成描述学生将学什么内容以及为何要学这些内容（"今天我们将学习……这样我们能……"）。描述成功标准的句子包括以下这些短语：

- 我能解释……
- 我能描述并解释……

表2.1　日常学习目标以及相关的学生学习目标

日常学习目标	学生学习目标（成功标准）
模糊：我们将写一篇观点型作文。 具体：我们将用一个思维导图来构思一篇观点型作文，包括话题和论据，这样我们就有足够的信息动笔写了。	我能够使用文本为我的作文确认一个话题（以及我的观点）。 例子：我相信这个故事中最有影响力的人物是_____。 我能够从文本中找出三个相关的细节来支持我的话题和观点。 我能和搭档讨论自己的论点和论据，如果需要的话可以增添信息。 我能使用反馈协议给搭档的作文提供具体的反馈。
模糊：我们将用文本给我们的观点型作文多添加一些细节。 具体：我们将使用文本解说相关的细节，这样我们就清楚文本是怎么支持每个细节以及让我们的观点变得可信。	我可以为自己写的每个细节添加两句解释性的评述。 例如： 关于祖母的这个细节解释了她和家庭成员的关系：他们看到她的睿智，这让她显得很有影响力。 我能给搭档准确地解释从文本哪个地方找到信息来支持自己的解说。
模糊：我们将为我们的作文写结论。 具体：我们将学习如何写一个有效的结论，这样我们可以写一个有力量的结论句。	我可以和我的小组成员分析两篇观点型作文，然后到班级的图表上列出这两篇作文结论的特征。 例如：有效的结论重申观点，非常简短地概述支撑观点的论据。 我可以应用课上生成的信息，自己分析第三个结论。 我可以先写出一个结论，突出我如何把有效的结论特征融入作文中。

- 我能理解及讨论……

- 我能测试并证明……

- 我能证明如何……

能够使用诸如"解释""描述"或者"预测"这样的动词帮助学生关注掌握，而不是简单地完成目标。表2.2展示了评价量规，把学生目标转换

表2.2　某位学生将学习目标重新表述为一系列成功标准的评价量规

学习目标：我们将学写观点型作文，这样我们可以向他人更清楚地表达自己的想法。			
我能解释观点和事实之间的区别。			
我能向一位同学表达我对某个话题的观点。			
我能举一个个人事例来说明，然后用两个理由支持自己的观点。			
我能写自己的观点，把亲身经历作为例子写出来，并用3到5句话写两个理由来表达完整的想法。			

成一些成功的标准（学生的学习目标）。学生可以使用这样的工具督导他们的进程并熟悉这个理念，即每个目标里头都有他们要掌握的具体目标。

帮助学生督导目标实现的进度。

　　若干研究证明，把目标设定、自我督导以及固定的进度反馈结合起来是有益处的。目标意在帮助学生不仅投入学习，而且持续投入。这里有一些我们见过老师使用的简单策略，用来帮助学生紧跟自己的目标并使用这些目标督导进度：

- 邀请学生在自己面前的桌卡上写他们的学习目标。
- 邀请学生在自己的学生ID卡背后写每周的学习目标。

- 鼓励学生使用电子学习档案中的检查清单、评价量规以及学习条目。

- 使用图表帮助学生追踪迈向目标的每日或每周进度。

- 作为一项引导性的活动，邀请学生重新审视他们的目标，反思他们的进度，需要的话设定新的目标。

- 使用"转过身来谈话"鼓励学生和同伴分享及讨论他们的学习目标。

- 让学生每周或每两周创建一个录音或视频日记解释迈向目标的进度。

帮助学生发展掌握型目标。

我们注意到，有时简单的目标和成绩关联起来效果很好——例如，鼓励学生在某个周测试中超过先前的成绩。不过，学生最后对目标形成成长型思维方式很关键——把目标当成自我挑战的机会，从而训练大脑，变成更强大的学习者。因此，虽然成绩型目标在短期内可能有帮助，但仍需帮助他们设定掌握型学习目标来掌握新的学习，而不能仅仅追求预期的分数或成绩。表2.3提供了一些例子展示如何重新定义成绩型目标，使之成为掌握型目标。

❖小结❖

帮助学生在大脑中养成积极的习惯

如果学生设定了目标，他们会学到更多。学习有了目标，可以激活元认知策略。元认知是自我对话的一种方式——学生大脑里的声音帮助他们持续投入学习，通过提醒他们保持注意力集中，指出他们什么时候走

表2.3 成绩型目标转换为掌握型目标

成绩型目标	掌握型目标
希望我的论说文能得A。	我将掌握论说文的6种元素。
我将通过我的地理科学测试。	我将能够理解并解释家附近的山脉是如何随着时间的变化而改变的。
我将在数学测试中考取完美的成绩。	我将练习并掌握测量不规则形状需要的技能。
我的拼写测试10个词都要写对。	我能够在句中正确使用"他们的""他们是"和"那里"。
我将记住周期表。	我能够讨论周期表的元素，并解释周期表为何是这样构建的。
我将学会所有的形状。	我能够解释每个形状的特征。
我将学会所有的字母。	我能够分出大小写字母。
我将创造一个植物细胞。	我将创造一个植物细胞，使用正确的学术词汇教同学光合作用的过程。

神，鼓励他们保持好的精神状态来实现他们的目标。我们范例的一项研究描述了目标的这种力量，目标支持积极的自我对话，让同学们投入到学习中来——不仅仅是单一的某节课或某一单元，而是整个学期或更长的时间。

莫里萨诺和同事随机选了一组学业不太理想的大学生（绩点在3.0或更低一些）参加一个时间不是特别长（2.5小时）的精细目标设定线上项目，指导他们通过一系列的步骤预见他们理想的未来，找出他们想多加了解的兴趣领域，设定具体的目标来实现他们渴求的状态，确认步骤来实现他们的目标，以及认清对每个目标的投入。与此同时，同样学业不理想的大学生被选进控制组，给他们做一系列的心理问卷调查并让他们写出过去积极的经历。4个月后，参加目标设定的小组成绩获得显著提升，绩点从2.25提升到平均2.91，而控制组的学生在学业方面没什么显著变化。

　　上述这项研究以及这一章的其他研究描述的是帮助学生为学习设定目标不仅仅是一项简单的课堂教学策略，而是一个强有力的思维习惯。设定目标会形成积极的反馈循环：目标越有挑战性，我们实现目标时大脑的多巴胺释放得越多，因而鼓励我们设定更有挑战的目标并衡量目标实现的进度。目标设定，尤其跟认知兴趣线索结合时，我们的学习更有意义（或许还会让我们越学越有兴致）；目标设定促使学生投入学习，不是因为他们不得不学，而是因为他们想学。这使得整个学习经历更愉快，而且吸引着大家——学生和老师皆如此。

Chapter Three ｜ 第3章

帮助学生聚焦新知

一旦学生的大脑准备好学习，他们会欣然投入到6个学习阶段中的第3个阶段：聚焦新知。

通常，"新知"——储存在认知科学家们说的"短时工作记忆"中的信息——只保留5到20分钟。就像你电脑屏幕的窗口一样；关注你眼前所见的信息没有问题，但一旦关闭窗口，信息可能就永远丢失了。工作记忆中的信息只能有两种去向：要么消失不见（比如，你忘记了，就像你去另外一个房间取某样东西却发现你忘了为何来这个房间），要么踏上通往长时记忆的旅程。作为一位老师，你的目标是帮助学生充分聚焦新知，确保学习内容能够进入长时记忆。

在这一章，我们将探索一些关键的见解，这些见解来自认知科学和实证研究的重要发现，它们支持3个让学生聚焦新知的实用策略。

研究表明

关于短时工作记忆有一些"重要想法"，这些想法解释了为何我们强调的3个策略如此有效。

短时工作记忆有局限性

你的短时工作记忆一次只能关注一些信息。信息以每秒1100万比特的速度被你的五官接收，而你的大脑每秒只能处理120比特。例如，理解某人对你说的话，大脑需要每秒60比特的处理速度，这就解释了为何如果两人同时讲话就难以理解，而三场对话同时进行更不可能理解了。你就是没法把180比特的信息挤进一个容量120比特的信息通道里。此外，工作记忆的总体容量是有限的。长期以来，人们一直认为工作记忆能同时处理的信息量最多为7个左右（上下浮动两个），但实际工作记忆的"信息点局限"可能更接近4个。事实上，我们的大脑倾向于把较长的信息串压缩成更短一些的信息串。比如，除非你熟悉某一首"80年代的流行曲子"，不然你把这一串数字转换成"8, 67, 53, 09"之后，更可能记住的是"867-5309"。

通过视觉和语言呈现的新信息，工作记忆能够更好地处理

幸运的是，尽管我们的工作记忆一次只能处理数量有限的数据，而实际上如果我们通过视觉和语言接收信息，即"双重编码"，我们处理信息的能力可以加倍。研究表明，当我们同时激活工作记忆的视觉和语言体系时，我们能更好地处理和储存新的信息。因此，通过可视化教学把视觉信息和语言信息结合起来是一个非常强有力的教学策略。

关键流程和技能的自动化有助于降低工作记忆的认知负荷

我们的大脑可以把复杂的脑力活动转换成自动生成的文本，类似于电脑程序的宏指令，以此克服工作记忆有限的容量。你现在正在读这个句

子，不知不觉中你的大脑自动把句子中每个词的字母转换成声音、音节和词，这样你可以集中精力理解句子的含义。这是个巧妙的诀窍——做这件事的时候你的大脑似乎毫不费劲，于是就容易忘了学习和训练时付出的努力，实际上是你付出的努力才让你得以在大脑中自动生成文本，应用自如——这也带给我们另一个关键的想法。

直接教学有助于更轻松、有效地学习流程和技能

一开始就直接教学并展示新流程和技能，这能让自动生成文本的整个过程变得更轻松、有效。没错，大脑可以通过自我探索和试错让技能自动生成，但这样效率不高，而且给错误留下太多空间，也容易忽略某些学习内容。简言之，你不该假想学生能够自己明白如何阅读、加减数字、理解课文、解决词语问题或有效写作。相反，你必须通过清楚的教学帮他们发展这些技能，而且还得给学生示范这些技能需要的步骤。这是另一种以研究证据为依托的教学策略——后文策略教学与示范（见策略4，第64页）的关键理念。

使用与具体科目相关的学术词汇来支持更深层次的学习

我们的大脑为工作记忆减轻负担的另一个方法是把想法和概念压缩成迷你知识包，也称为"词语"。例如，当你完全理解"凝结"这个词的含义时，你的大脑就会把这个词跟概念（比如，水从蒸汽变成液体）和直观的图像（比如，凉的杯子上的湿气）联系起来。这就是词汇教学的关键点——帮学生把宏大的想法和概念转换成可以掌控的信息包，我们称这些信息包为词语。例如，如果你理解"凝结"这个词，那么理解诸如水循环这样复杂的概念就更轻松些。

在这一章，我们将探索如何把这些指导原则转换成课堂策略，从而帮助你的学生趁新知还在工作记忆中的时候，有效地关注新知。

策略3
词汇教学

词汇教学通过帮助学生理解、回忆和应用跟具体科目相关的词汇和专业术语来构建陈述性知识。

词汇的发展一直跟学生的成功和阅读理解相关联，可能是因为，如亨利·沃德·比奇曾经写过的很有名的一句话所说："词汇是让我们挂上想法的木桩。"换言之，词汇教学不是让学生单调沉闷地背单词，而是把词汇变成木桩，可以在上面挂上跟具体学科相关的概念（有丝分裂、寡头统治、财阀统治、阐述、戏剧或小说的结局）和学术流程（比较、对比、合成、解释），这样学生能够专心思考、分析和讨论关键的概念、大的创意以及保持长久的理解。

词汇教学的指导原则

我们从这些研究中为有效的词汇教学提炼出以下指导原则。

学生以不同的方式认识词汇并应用，这时记单词效果最佳。

若干研究证明，学生通过多种方式认识新词后，将掌握这些新词，这些方式包括：

- 学生听到对词汇通俗易懂的定义。
- 在句子中看到含有新词的例子（和反例）。
- 看到新词直观和具体的例子。

- 和同伴在谈话中练习词汇。

- 在写作练习中融入新词。

- 在词汇游戏中练习新词。

例如，麦基翁和同事发现通过以下方式教导多数来自低收入家庭的中学生跨学科词汇有积极效果，即通过多种语境向他们展示词汇（比如，"暴露"这个词跟辐射、艺术和文化关联），教学生每个词的字面意义和隐含义，让学生把词汇融入他们的写作。学生也学习词语的拉丁词根（比如，"finite"中的fin）以及改变词义的词素（比如，un-和-ed）。用11周的时间教实验组和控制组的6年级学生同样的99个词，实验组的学生有多种机会学习和应用词汇，而控制组的学生没有这样的机会，结果证明实验组的学生在词汇知识（提升指数=26）和阅读理解力（提升指数=35）方面有更多收获。

质量比数量更重要。

有效的干预并非不断用新词"轰炸"学生，而是采用少即是多的途径，关注一套限定的词汇——每周关注的词汇在3到5个目标词和12到14个词之间。强调质量而非数量的这个途径可以通过以下的练习开展：

- 当来自多语言背景、低收入家庭、年纪较小的学生大声朗读故事书碰见生词时，为他们定义和解释新词。

- 对于先前学习成绩较差的学生，先给他们机会复习目标词，然后把词汇应用于同伴谈话。

- 鼓励学生（包括刚来的双语学生）在拓展的写作作业中使用新词。

直接教学生具体科目的学术词汇对学生有益处。

研究显示直接教学生科学、社会科学和数学等具体科目的词汇，学生将从中受益。此外，直接教学生通用学术词汇对他们也有益，包括跟以下领域关联的词汇：

- 早期的阅读理解（比如，"heaved""pouted""surface""decided""stale"）。

- 针对多语言背景学生的阅读理解（比如，"famine""flee""motive""optimism""prospect"）。

- 每天阅读的词汇（比如，"expose""refine"）。

直接教学生学术词汇有助于缩小差距。

所有学生都能从词汇教学中受益，而且词汇教学给低收入家庭的学生、多语言背景的学习者以及有阅读障碍的学生带来更多益处，从而缩小不同学生群体之间的成绩差距。

比如，关于仅在大声朗读时段让幼儿园孩子接触目标词，还是停下来向孩子们解释这些词，贾斯蒂斯和同事比较了这两种做法的效果。词汇量丰富的学生即使偶然遇见生词，也似乎很轻松就能学会（提升指数 =30）。而词汇量很少的学生偶然接触生词，立马能学会的目标词不多（提升指数 =4），然而当老师停下来向他们解释这些目标词的时候，这些学生在学词方面却有显著提升（提升指数 =41）。这些研究，连同那些类似的研究发现证明，只是让学生接触新词这种"浅尝辄止"的策略可能会延续或扩大学生之间的学习差距，而直接教学生新词这种"深入钻研"的策略可以缩小这些差距。

直接教学生词语分析和词汇学习策略，学生能从中受益。

在学生的求学生涯中，他们得学习成千上万的词汇——数量太多，无法一一直接教他们。因此，老师也得告诉学生如何自己学新词，例如，通过上下文线索分辨词语的含义和隐含义，或者应用前缀和后缀的知识弄清不熟悉的词。事实上，多种研究证明了教学生自学新词的积极效果。

例如，卡罗尔和同事发现直接教讲西班牙语和英语的5年级学生词语分析和词汇学习策略有显著的效果（提升指数=13）。在15周期间，实验组的学生每周4天接受30到45分钟的教学，学习12到14个目标词，同时学习使用上下文线索、变形（比如，认出词的不同形式，诸如"election""elect""electing"）和同源词（在西班牙语和英语中相似的单词，如"frigid"和"frio"）来推断词义的策略。与此同时，让控制组的学生接受常规的教学内容，并未对词汇教学加以强调。此后在词汇掌握测试的时候，实验组多语言背景的学习者和只讲英语的学生比控制组的学生在词语掌握方面（提升指数=34）以及阅读理解方面（提升指数=19）表现更好。

词汇教学只是辅助，不能取代对概念的理解。

词汇教学不是死记硬背，而是确保学生理解概念并学会这些词。在词汇教学之前帮助学生理解概念，这比通过词汇教概念更有效。例如，布朗和同事通过两种不同的途径教来自低收入家庭、背景各异的5年级学生光合作用这一科学单元，然后比较学生学习的效果。实验组学生参加以询问为依托的科学单元学习，在学习相关术语之前，使用日常用语构建他们对光合作用的概念理解。而控制组的学生同时学习科学概念和词汇。单元结束的测试表明，实验组的学生比控制组的学生对科学概念理解得更好（提升指数=13）。因此，如果词语是可以在上面挂想法的木桩，先让学生有想法，然后再给他们木桩，这样可能效果更好。

值得注意的是，词汇教学不该排挤或取代其他形式的教学——有个实验的设计是通过词汇教学提升4年级和5年级学生的阅读理解技能。14周的词汇教学之后，实验组的学生词汇知识的收获显著（提升指数=49），而阅读理解的收获甚微（提升指数=6）。课堂观察揭示，实验组的老师增加词汇教学的时候，减少了阅读理解的教学。这些发现表明，词汇教学是必要的，但对于更深层次的理解还不够，词汇教学应该跟概念理解和其他技能的教学保持平衡。

词汇教学的课堂提示

综合来看，这些研究向我们展示了一幅引人入胜的画面：词汇教学是一项重要策略，尤其是跟其他支持更深层次学习、理解和批判性思维的策略一起应用的时候。考虑到这一点，我们提供以下提示：把词汇教学融入你的课堂。

拆解标准来辨认具体科目的基本词汇。

大多数学习标准（尤其是那些反映陈述性知识的标准）中都蕴含着持久性的理解要点，而这些理解要点相应地包含了重要的概念，通常在具体科目的词汇中体现。如果你的标准或课程指南没有包括词汇，你可能需要从学习标准的关键概念中把词汇找出来。这么做帮助你认出学生必须知道、能够流利使用来掌握内容标准的关键词。图3.1描述了这样的过程，即如何把某个标准转变成有针对性的科目词汇清单，这些词汇与学生的学习标准直接相关。

根据学生的年龄教合适的学术词汇

除了具体科目的词汇，学生在学术场景也会遇见许多日常用语中较少见的词汇，比如在课堂对话中频繁出现的词（比如，"数据""比较""对比""方程式"）以及书面文本（比如，"打趣""幸福的""巨大的""漫不经心的""漫步"）。让学生在具体语境中学词汇当然更有效。所以词汇教学时，不要只是从网上找来一个单词清单让学生学，而是先给学生展示在课堂上或课文中常会碰到的生词，然后通过一些简单易懂的方式让学生学

标准	• 通过观察或测量提供风化作用影响的证据，或水、冰、风及植被腐蚀的速率。（4-ESS2-1，NGSS）
核心概念	• 雨水有助于土地成形，并影响某个地区生物的类型。 • 水、冰、风、生命有机体以及地心引力把岩石、土壤和积土分解成更小的颗粒，并让它们在四周移动。
关键词汇	• 风化 　　• 沉积 • 沉淀 　　• 风速 • 腐蚀

图3.1　拆解某个标准来辨认关键词

习和练习这些词。

教学生核心词汇只是发展他们对关键概念和想法理解的第一步。引导学生把学习内容从短时记忆变成长时记忆，老师们需要给学生提供工具和策略，把新词融入他们正在积累的词汇中。这里的一些策略能够有效支持学术语言和具体科目词汇的丰富运用：

- 帮助学生创建一本个人词典，在老师的教导下，记录新词，然后就如何使用这些新词，写下自己的例子，之后复习某个词的含义或这个词在具体语境中如何使用时就可以参考这本个人词典。

- 当学生学习新词以及在语境中使用这些词的方法时，让他们创建一面"词汇墙"，在上面积累词、给词分类；这有助于学生在词汇群中总结出构词模式和词语之间的关系。

- 让学生参加"转过身来谈话"的活动，和搭档讨论并解释新词。

帮助学生通过多种方法思考新词。

学生遇见新词并通过更多的方式思考新词反映的概念，这样他们能够更加灵活并真正学习这些词。一个支持词汇学习的有效工具是弗雷耶模型，这个模型实际上是一个信息组织图，提示学生自己定义某个词，列出它的特征，并给出例子和非示例。这个工具的一些变形包括按词画图、创建与词语的个人关联或在句中用词。针对多语言背景的学习者，这个工具还可以有别的变形，比如认出与他们母语同源的词或用母语定义正在学的生词。

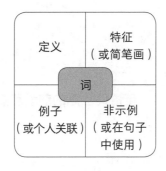

图3.2 用于词汇教学的弗雷耶模型

让学生有多种机会练习及应用新词汇。

当学生有多种机会在口头交际和书面交流中应用新词时，他们更不容易忘记这些词。思考—结伴—分享这种方式的谈话，对于多语言背景的学习者尤其有帮助，这样的谈话让学生得以通过母语处理新词的含义。例如，学生可以一起列一份新词的例子和非示例清单（比如，寡头政治 vs. 财阀当政）。许多研究也展示了让学生在简短的书写练习中使用新词颇有积极意义（比如，写财阀当政与寡头政治之间的差异以及产生这些差异的条件）。

教学生通过语言手段扩展自己的词汇知识。

成人和成熟的读者倾向于从上下文线索、同源词、拉丁派生词和词语形态学中分辨出生词的含义。你可以教学生常用的前缀和后缀（见图3.3）。类似地，你可以帮助学生理解常见英语词汇的拉丁词根（见表3.1）。

常见的前缀	常见的后缀
• a– • bi– • in– • re– • un– • under– • super– • trans–	• –ability • –able • –ed • –er • –ing • –ive • –ly

图3.3　英语词常见的前缀和后缀

表3.1　英语词常见的拉丁词根

Audi– (hear, sound)	inter– (between)	mal– (bad)	retro– (backward)
bene– (good)	intra– (within)	multi– (many)	san– (healthy)
cent– (hundred)	jur– (law)	neg– (no)	sub– (under)
dict– (say)	liber– (free)	mon– (not)	tri– (three)
ex– (out)	lumin– (light)	pan– (all, whole)	uni– (one)
fract– (break)	magn– (great)	quasi– (as if)	vac– (empty)

策略4
策略教学与示范

策略教学与示范通过易于理解的直接教学和展示，让学生学习关键技能、学习过程和思考策略，从而发展程序性知识。

策略教学与示范意味着给学生展示如何完成具体的技能或任务，比如解决词语的问题、写拓展作文、阅读理解以及反思自己的学习。学生自己稀里糊涂地学新技能，收获甚微。但如果老师直接教学生这些新技能，一步步指导学生使用这些技能，并给学生做示范，学生将从中受益。如同词汇教学，策略教学与示范只是学习的一种方法，而不是目的。你可以把它当成"我来做，我们一起做，你们一起做，你自己做"这个循序渐进的学习模型中的"我来做"阶段。这个技巧如此强大的一个原因可能是学习新技能对学生有显著的认知要求：在一个新的学习过程中，他们的大脑必须在做好每个步骤和按次序回忆每一步骤之间来回切换。

幸运的是，随着学生掌握新的学习过程，他们的大脑开始把这些掌握的过程转换成自动文本或启发式探索，如此可以把更多的精神能量转给更高水平的任务，比如创意写作、批判性思维以及评估问题的解决方案。最终你的目标在于教学生新技能并做示范，从而帮助学生熟练掌握关键的学习过程，之后可以参加我们在第6章强调的这些活动，即到现实世界解决问题、探索和调研以及批判性思维的活动。

我们从以往研究中找出23项实证研究，这些研究都在干预的核心阶段通过策略教学与示范进行有效干预。这些研究展示了在多个学科、年级和学生群体中适中到高强度的效果（提升指数为8—47）。学生掌握广泛的程序性知识——从最基本的阅读和数学技能到更高级的技能，比如阅读理解、写作和解决复杂的数学问题。

策略教学与示范的指导原则

从这些研究中我们总结出以下关于策略教学与示范的指导原则。

许多关键的技能对学生而言并非一看就懂，所以必须手把手教他们。

成人的大脑已经把许多思考的过程自动化，所以我们很容易忘记，之前某些阶段我们也得通过学习和数小时不辞劳苦的训练来掌握这些过程。结果，我们很容易就误以为学生需要发展的许多技巧简单、直观或能够自然而然就学会——不管是用手指数数、解决词语的问题、从文章中提取关键的想法，还是写连贯的段落。然而上述这些技能实际上都是习得的，如果不手把手教他们，许多学生都学得慢（或者可能没有学会）。

这里有个例子。许多学生，尤其是数学学得吃力的学生，经常试着用手指数公式里的两个数字来解答数学题（比如，3+5）。图尔纳基随机分配一组2年级学生接受某个策略的直接教学，多数成人会觉得这个策略好像一看就懂。"最小加数"策略从两个数字当中比较大的那个数开始（比如，5），然后从5开始"数"（比如，6、7、8）。而控制组的学生单纯训练加法技能，相比之下，教学生这个简单的技能让所有学生都受益（提升指数=29），而且对确实有学习障碍的学生而言收获更大（提升指数=43）。

额外的研究为其他简单却强有力的策略的直接教学提供坚实的证据，包括以下几项：

- 向多语言背景的学生展示如何从同源词、词根以及基础词提取词义（提升指数=13）。
- 让4年级和5年级有学习障碍的学生做列大纲、写作文等简单的日常训练（提升指数=48）。
- 向学生展示如何应用基本公式来解答乘法题（比如，$6 \times 7 = 6 \times 6 + 6$；提升指数=22）。

这些直截了当的干预对学生的学习有显著效果，这意味着没有手把手地教学生，许多学生在阅读、写作、思考以及解决问题等核心技能方面的发展就会很慢，甚至根本没能发展起来。

和逐步示范相结合的策略教学更有效。

有效的策略教学干预一般遵循"展示并告知"这一途径，老师做以下的解释和示范：

- 向成绩比较差的2年级学生展示如何使用线索词（比如，"因为""因此"）辨认因果关系的文本结构，使用信息组织图描述这些关系，并运用提问策略复习和总结文本。

- 向来自不同族裔的3年级学生示范在阅读非虚构类文本时如何激活背景知识、提问、查找信息、总结和使用信息组织图归纳信息。

- 向5年级和6年级的学生示范如何使用"自我督导学习单"来制定和督导目标，并遵循写作四步法策略（说出你的观点；给出3个及以上的理由；解释每个理由；结论）。

- 向4年级学生展示如何通过两个及以上的基本句子写出复杂句，从而提升他们的写作能力——比如，把"拉尔夫把脑袋伸出来""拉尔夫在瑞恩的口袋里""拉尔夫四处看着"以及"拉尔夫不知道他在哪里"这四个短句改成"在瑞恩口袋里的拉尔夫并不知道自己在哪里，他伸出脑袋，四处张望"。

- 向初高中学生示范有经验的读者如何在阅读中运用思考策略——比如，"当读者触及先前学过的知识时，他们可能在心里对自己说：'这个内容我知道……''这让我想起……'或者'这让我思考……'"——同时提供句子的开头为元认知思考做示范（比如，"我的目的是……""我先是想到……，但现在我想……"或者"到这里我看不懂是因为……"）。

思考策略的清晰教学和展示让学生受益。

在学生阅读、总结关键思想以及自我提问检测理解之前，让学生回顾已学知识，这么做提升了学生的阅读理解力和知识水平。奥尔森和同事的一项研究涉及来自大都市低收入家庭区将近2000名多语言背景的学习者。他们发现教会学生掌握思考策略的"工具箱"有积极的效果（提升指数=25）。这个工具箱包括反思学过的知识、提问和预测、辨认主要思想、自我督导理解力、阅读时把想法说出来并改正自己的想法。其他研究表明，思考技能教学对于提升有学习障碍的4年级和5年级学生的写作能力和来自多语言背景的8年级学生的社会研究课程内容及阅读理解力有类似的积极效果。这些发现表明，对于许多学生而言，思考技能不是天生就有或一看就懂，而是通过老师的教导学会的。

策略教学与示范的课堂提示

上述这些研究描述了直接教学可以帮助学生发展他们在更复杂、更高级的学习中所需的基础技能。带着这个想法，我们在下面提供关于教学和示范技能的课堂建议。

找出学生掌握学习目标所需的技能并手把手教学生。

从学生的学习目标开始，解锁他们实现这些目标所需的学习过程和思考技能。有些可能是简单的循序渐进的过程，就像如何解答两列数的加法问题（比如，列出问题，先加右边这一栏，进1）。在其他情形中，子技能可能包含在更大的步骤里头——比如，学习如何应用细读策略提升阅读理解能力。当然，一个好的起点是用学生必须掌握的标准和相关的程序性知识与技能来实现学习目标。图3.4描述了从某个标准中提取关键技能的过程。

标准	学生能够分析在多种媒体和格式中展示的中心思想和论据，并解释这些想法如何阐明研究中的某个话题、文本或议题。
程序性知识	• 总结文本、提炼中心思想 • 找出论据 • 关联中心思想和论据
技能	• 如何总结并提炼文本的思想 • 如何使用信息组织图联结论据和中心思想 • 如何分析论据的有效性、连贯性和逻辑性

图3.4　分解某个标准，找出可教的技能

向学生展示新技能和程序时采用"展示并告知"这一途径。

才能发展的研究展示了范例和示范——比如，临摹某位艺术大师的作品，模仿某位网球专业选手如何击球，或看某位职业吉他手如何即兴演奏的视频——对于新技能的学习常常是关键的。我们现在都知道双重编码理论，所以对这些不会感到太惊讶；我们观看某个学习过程或听人解释这个学习过程，这时我们能够学得最好。因此，一旦你找出你想让学生学习的关键技能，思考如何把这个新的学习程序展示并告知学生。比如，告诉学生遵循四步法写一个论说型段落，这样还不够。还需要向学生展示这个过程的每个步骤（比如，"我们的第一步是说出我们相信的观点。有了这一步，我们就想站出来说出自己的论点。因此，我可能写出这样的句子：'我相信我们应该禁止塑料吸管。'"）。

手把手地教学生思考策略。

成功的学习者发展的思考技能一般分为两个重叠的类别：认知和元认

知的思考策略（见表3.2）。

表3.2　认知和元认知的思考策略

认知策略		元认知策略	
分析	这是什么类型的问题？ 我应该用什么策略来解决？	规划	我的目标是什么？ 我需要做什么来完成这项任务？
理解	这是什么意思？ 我能明白吗？	督导理解	我还有什么不理解的？
联结	这跟我已经知道的有关联吗？	督导进度	我还在轨道上吗？
回想	我记得自己已经学过的内容吗？ 我需要遵循什么步骤？	评估过程	我做对了吗？ 我忘记什么了吗？
总结	中心思想是什么？ 我可以用自己的话表达吗？	评估效果	那个答案看起来对吗？ 我需要修改什么？

　　认知思考是指我们如何关注新的学习，比如通过联结已学知识、从文本提取主旨、分析并评价论点、做决定以及解决问题等方式。而元认知思考则是关于思考的思考。我们头脑中的声音帮我们评估自己的学习进度。头脑中的声音会说类似这样的话："等等，我不理解这一点。我需要回归正轨。我不太确定我的回答是否有意义。"

　　对思考能力的思考是一个习得的技能，这个技能往往能够把成功的学习者和学得吃力的学习者区分开来。你可以说出想法来为元认知策略做示范，陪你的学生体验以下情境：

- 有经验的读者如何读新的文本（比如，"我能从标题推断出这篇文章是关于什么话题的吗？对于这个主题我已经了解多少？"）。

- 有经验的作者如何反思自己的写作（比如，"我有没有写出一个有趣的点？我的论据支持我的论点吗？"）。

● 成功的学生如何解答复杂的数学题（比如，"这是什么类型的问题？我如何解决类似的问题？我使用什么策略解决它们？"）。

策略5
可视化教学

可视化展示和例子——图表、信息组织图、教具、学习范例、视频以及模拟——有助于从视觉和语言（双重编码）两个层面理解新想法。

"一图胜千言。"这句俗话反映了认知科学的一个关键概念——信息处理的双重编码理论，即当我们的大脑接收到与口头指导相结合的视觉图像时，信息处理起来效率更高、效果更好。若干实证研究支持把语言学习和视觉学习结合起来帮助学生聚焦新知。我们从以往的研究中提取23项具有显著积极效果的实证研究（提升指数为11—45）。

可视化教学的指导原则

以下是从这些研究中提取的有关可视化教学的指导原则。

插画、动画和教具有助于概念性理解。

若干研究表明，使用可视化展示帮助学生发展对新想法和技能的概念性理解具有积极的影响，如下：

● 帮助多语言背景的学生理解科学概念。

● 使用数轴、圆圈以及教具发展小学生对分数这一概念的理解。

● 使用电脑合成动画有助于中学生理解代数概念。

可视化教学在学习的早期阶段（学生正聚焦新知这个时段）最有用。

一旦学生充分理解科学和数学概念，让他们思考数学问题的抽象描述以及口头表述科学概念的效果会更好。比如，一旦学生对加法有了直观的理解，就没必要用数学教具了——用教具反而效果不怎么好，还不如单纯描述2+3=5效率更高。

通过具体例子解说的抽象概念学生能够更好地理解。

研究也证明，通过熟悉的、具体的例子解说有助于学生理解抽象原理。例如，布尔格伦和同事发现使用"概念定位法"使得学习效果显著提升（提升指数=34）。"概念定位法"是日常教学中使用的一种视觉辅助工具，用来帮助学生把抽象概念跟某个熟悉的、具体的例子联结起来，比如理解现代建筑温度控制系统时联想到恒温动物调节体温的能力。又比如，通过卖柠檬汁小摊的故事教学生"共生"这个概念（"共生"指物种之间，某一方虽然受益，但既没给另一方带来好处，也不会伤害对方）。而在另一个实验中，沙依特和同事证明使用电脑动画和"具体性淡化"教学法有助于学生理解代数的概念（提升指数=37）。"具体性淡化"教学法是指老师一开始先分享具体的例子（一般有3个例子），之后逐渐过渡到抽象的陈述。

学习范例有助于学生掌握新的技能和加深理解。

范例（已得到解答或问题已解决的例子）是另一种直观的教学呈现，对学习有着积极影响，尤其当学生学习复杂、多步骤的技能和程序时很有帮助。例如，姆旺吉和斯威勒发现让3年级的学生学习"两步解决问题法"这样的范例，他们在学数学时就能更好地发展解决问题的技能（提升指数=44）。不过，需要注意的是给学生讲解范例的时机，不要等学生快解决问题时才给他们讲范例，而是在学生着手解决问题的同时讲解，这样才能帮助他们提升学习效果。因为如果等学生快解决问题时才给他们讲解范例，学生就需要在解决方案和正在处理的问题之间来回揣测；然而，如果学生一边学习正确解题的范例，一边解答自己的问题，他们就可以一步步探索自己的解决方案。

其他研究人员发现：在5年级的学生着手解答多步骤的数学题以及7年级的学生学习如何解答多步骤的代数题的时候，给他们讲解范例也有类似的益处。值得注意的是，范例所带来的好处似乎会随着任务的复杂程度而增加；范例对简单的任务没什么意义，但对复杂的任务有显著的益处。这可能是因为举例子缓解了学生学习伊始的认知负担。然而，随着学生对程序性知识掌握得越来越熟练，范例的作用便减弱，取而代之的是学生在学习中的自主探索与实践。

图表有助于引导和支持程序性知识。

我们注意到学习任何新技能都需要学习者耗费大量的脑力、精力，因为掌握学习过程某一步骤的同时，还要试着记住整个学习过程本身。视觉辅助工具，比如复杂过程所需的各个步骤的图表，能够显著提升学习效果。例如，斯旺森和同事对学数学遇到困难的小学生（在标准测试中分数低于第25百分位的学生）所做的一项研究展示：那些得到了直观的图表（这个图表说明解决词语问题所需的5个步骤分别是什么）的学生，比不给视觉辅助工具的学生表现得更好一些（提升指数=22）。

事实表明，让学生自己把问题直观地呈现出来对学习也大有帮助。一项针对5年级学生的研究发现，一起动手设计直观图表（比如，做一个百分比的数学概念图示）的学生，比那些依照教师提供的直观图表进行学习的学生表现得更好些（提升指数=24）。

可视化教学的课堂提示

"学习风格"指把学生分为视觉、口头表达、肌肉运动知觉或其他学习风格，并以此对应他们的学习体验。没有科学研究证明这么做会带来什么益处。更可能的情况是，科学研究，包括这里特别提及的这些研究表明，把视觉和语言学习这两种学习风格结合起来对全体学生都有帮助，这主要是因为大脑本来更易于吸收通过视觉和语言传达的信息。带着这个想法，就如何在课堂上使用可视化教学，我们提出以下实用的提示。

思考你想让学生在学习中看到什么、形成什么思维图像。

当你做单元教学设计时，思考你确实想让学生在学习过程中看到的东西、在大脑中形成什么思维图像。也许是过于森严的玛雅文明等级制度、紫外线和红外光波的频率、线性和非线性曲线的差异或是莎士比亚环球剧院。我们建议使用一个T表（见表3.3）来定义你想让学生学习的内容（左边一栏）以及你想让他们更直观看到的内容（右边一栏）。创建这样一个清单将帮你找出你能够提供给学生的图表、图像、视频以及教具，从而帮助他们从视觉上和语言上开展新的学习。你可以先用两种类型的可视化教学——具体例子和大纲，然后再拓展这个清单。

表3.3 为可视化教学策划的T表

我需要学生学习什么？	我想让学生看到什么？
如何做两位数加法？ 蒸发、凝固以及降水形成一个水的循环。 如何修改句子，让句子变得更有力量、更简明？	两位数加法的解题例子。 关于水循环的图表，包括水的蒸发、在云中凝固以及通过降水回到地球。 被动语态动词与主动语态动词构成的"之前和之后"的句子。

用熟悉、具体的例子解说抽象的想法。

除了图像，思考如何帮学生把抽象的想法转换成具体例子和教具。或许用交易卡作为类比来描述供应与需求？或者用一个教具（比如，地球仪）来描述地球如何沿着一个倾斜的轴绕着太阳转，从而有了四季？一个好的做法是给每个抽象的想法提供3个具体的例子——例如，用猫头鹰吃老鼠、土郊狼吃兔子、鸟吃昆虫的例子来描述捕食的概念。尽管找视觉展示和具体例子需要时间，但把时间用于规划如何展示并告知学生应该学什么是值得的。如研究证明，这样的规划和准备大大增强了学生理解和记忆关键概念的能力。

帮助学生通过大纲和图表把学习过程视觉化。

随着学生学习的内容步骤多了起来（比如，如何写段落、解决词语问题、完成一个研究项目），你可以给他们提供图表或工具，帮他们回忆和遵循学习过程的步骤。你也可以提供大纲或图表帮助学生理解他们正在学习的科学、社会研究和语言艺术科目里头的复杂现象、流程或框架，比如水循环、供求定律或故事情节。事实上，大多数单元旨在帮助学生理解复杂的现象或掌握多步骤的过程，给学生提供一些视觉展示以便于他们掌握学习的内容。如果学生能够创建自己的图表，效果会更好——比如，创建一个图表来指导自己完成某个流程或捕捉、反思自己对复杂现象的理解。

❖ 小结 ❖

帮助学生集中工作记忆

在本章开头，我们注意到工作记忆有一些局限——包括学生一次可以处理多少信息，以及大脑"不保存即关闭"的自然倾向。这是坏消息。好消息是我们的大脑具有惊人的能力，能够同时处理视觉信息和语言信息，还能把复杂的过程转化为让我们得以流畅且毫不费力地执行的自动化过程。本章所强调的策略可以帮助你的学生参与利用其大脑这些奇妙特征的学习体验来克服工作记忆的局限性，从而使学习变得更有效、更不费劲，而且更令人享受。

这些策略本身不是目的，而是一些方法，以此帮助学生发展更深层次、更丰富的学习经验所需的基础知识和技能。事实上，学习的内容要在长时记忆中找到安家之处，我们得踏上蜿蜒曲折的学习旅程，而在当前这个节点上，我们只是走到中途。下一章我们将探索和解释学习过程下一个关键且重要的阶段——帮助学生巩固和处理新信息，换言之，理解学习内容——所需的策略。

Chapter Four | 第4章

帮助学生理解学习内容

花一点时间思考到目前为止你从这本书学到的内容。可能前面章节的许多想法和概念还在你的脑海里盘旋，包括学术词汇、拉丁词根、纲要图表以及认知策略。可能信息有点杂乱——一系列没有条理的想法尚未消化。在这个时间点上，你的大脑通过一个叫作编码的过程将电脉冲的一种形式（感官输入）转换成一组新的电流模式（记忆）。然而这些称为记忆痕迹的新想法，还散落在你大脑的各个角落。大多数情况是你还不确定如何处置这些信息，或者如何在课堂上应用这些信息。

你大脑的现状是你开始储存新信息，这些信息仅仅是记忆痕迹，你还得在大脑里给这些信息排序，这个过程叫作巩固。简言之，学习之后你还得明白学习的内容。没有巩固，到目前为止你从这本书中学到的内容很容易就会忘记。

你的学生在课堂上学习新内容时面对的是同样的挑战：他们学习新的技能、概念、词语、思维方式之后还得充分处理这些信息，从而熟知这些内容或把它们融入思维的新习惯。

在这一章，我们将探索大脑如何巩固、理解新知，以及能够帮助学生理解新的学习的课堂干预——确保新的学习内容继续它的旅程，从短时工作记忆转变成长时记忆。

✍ 研究表明

　　关于理解新的学习内容，认知科学将会告诉我们什么？让我们看看研究都揭示了什么。

大脑在"杂乱无章"的神经网络中编码信息

　　编码的过程还没完全被理解的时候，看似杂乱无章。对于初学者而言，大脑没有把信息储存得井井有条，也没把信息仔细地归档（比如，以字母A开头的词、对奶奶的记忆、大约发生在1981年的暑期活动）。相反，新的记忆和知识被储存在复杂的神经网络中——想法、记忆和技能在这个网络中相互交织。当我们试着提取知识的时候，这些神经联结变得更显而易见。比如，生成词语联想（如某个体育赛事各团队的吉祥物）往往比列出词语清单（如那些吉祥物名称以字母a开头的团队）更容易。这就是为何一种气味（苹果派）可以激起某个地点的回忆（祖母的房子），这也是为何回到某人童年居住过的街区可以让记忆纷纷涌来（用树枝捅青苹果）。

对新知编码越仔细，越容易保存

　　在一次实验中，研究人员给两组随机挑选的参加者发放词汇清单。研究人员没有让任何一组成员记清单上面的单词，而是让第一组成员在清单上找出含斜线笔画的词，让第二组成员按自己的喜好给清单的每个词打分。之后让第二组成员思考每个词代表什么，他们对这些词的感受，这之后他们能回忆起的单词数量是第一组的两倍到三倍之多。这个实验表明，我们对信息编码越细致——包括把信息个性化——我们越有可能回忆起这些信息。

学生更可能将思考过的信息加以巩固

认知科学确定个体更倾向于记住他们思考过的东西。有一个经典实验，给实验对象一个单词清单，让他们思考自己和这些词（如，垃圾）有没有愉快或不愉快的关联。给另外一些实验对象同一份单词清单，让他们数单词的数量或词里有字母e的情况。相比之下，前面的实验对象更易于记住这些词。正如认知科学家丹尼尔·威林厄姆所解释的那样："在决定记住什么这一方面，有一个因素胜过其他因素：接触相关材料的时候，你在思考什么。"这里隐含的意思相当明了：学生学习的时候需要思考。

学生通过联结已学的知识来巩固学习

巩固的核心有一个关键的过程就是把新知识和已学知识联结起来。比如，倘若你可以关联已学的知识和经历，那么回想这本书的部分内容对你而言就更容易些。在大脑里做这些关联可以帮你巩固自己的学习，将其与现有的知识和记忆相联系。学生也是如此：越是把新知识和已学知识关联起来，比如把历史与时事关联或者把文学与个人关联，越是能够巩固自己学到的内容。

学习通过分类整理来巩固所学知识

工作记忆一次只能容纳有限数量的信息。通过巩固学习内容，你的大脑把不相干的知识点和技能组合成更大的群体、类别和连贯的文本，从而克服大脑容量的局限。比如，不要尝试分别理解氦、氖、氩、氪、氙、氡的特征，相反，你可以把这些归为惰性气体。类似地，学生可以把更小的步骤整合成更大的流程、文本和启发法，进而巩固新学的技能。比如，在棒球或垒球训练中练习接地面球这一动作，实际上是在将一系列复杂的步骤整合为一个流畅的动作：先跨步到地面球处，让手套朝下，接球，把球从手套中取走，用后脚脚跟为支点旋转身体，将肩部指向投球方向，抓球并扔向一垒。

适时反馈有助于新知识和新技能的初步掌握

刚开始尝试掌握新知识和新技能期间，形成性反馈帮助学生巩固所学内容，因为它能帮学生了解自己还需要掌握或尚未熟练运用的部分。不过，这样的反馈稍微延缓反而更有帮助——比如，当选手们在篮球场上投了几次球之后收到建议或者学生小测后得知答案，而不是每个问题测试之后就给答案。我们回顾了超过131项研究发现，跟直觉有些相反，在足足三分之一的研究中，反馈对学习有害无益；这可能是因为反馈给得太快或太频繁，这样会打断自动化脚本在大脑的创建，或者成为一种依赖手段，从而妨碍对学习的反思——这两种情况的结果就是浅层次的编码以及学习巩固效果较差。

大脑偶尔需要小憩，以便停下来进行思考和处理信息

研究也表明，工作记忆一般5到10分钟后就会停下来休息（这是年轻人的情况），成人的情况是10到20分钟后休息。这种现象的一个原因是，如第3章提及，我们大脑的本质是有惰性的，总是急于回到"不费力模式"。因此，集中注意力几分钟后，我们的大脑需要变换节奏——把新的学习内容整合到更大的概念中、关注别的事情或者体验情感强度的

改变（比如，从严肃思考切换到一则有趣的轶事）。如果老师没让学生小憩，学生的大脑也会走神。你可能一直在上课，但学生可能没学到什么。因此，尝试把许多教学内容挤进一节课的效果不好；给学生时间消化和应用，学生能记得更多。

在这一章，我们将探索3种基于实证研究的教学策略，这些策略能帮你把这些巩固记忆的指导原则转化为有效的学生学习体验。

策略6
高水准提问和学生解说

高水准提问和学生解说通过认知和元认知对新知识和技能的处理来巩固学习内容。

这里的操作术语是高水准提问。回顾内容这样低难度的问题可能有助于检查是否理解学习内容或作为检索知识的练习（如我们将在第5章讨论的），然而对于学生理解学习内容没太大益处。我们在这里强调的提问策略不限于测试学生，而是提出来的问题帮助学生思考学习内容、与学过的知识关联并把学习内容整合成更大的概念，从而理解自己正在学习的内容。

学生解说有类似的认知作用。当学生分享他们的想法并解释他们解决问题的策略时，他们必须积极地思考他们正在学习的内容——事实上是让自己慢下来，思考他们正在做什么，这样对学习内容的编码就更详细、有效。我们从以往研究中找出17项实证研究，这些研究展示在所有年级、科目和学生群体中开展的高水准提问和学生解说，这些干预在支持学生学习方面有显著的积极效果（提升指数为14—47）。

高水准提问和学生解说的指导原则

这里有些从研究中总结出来的指导原则，有助于提出高水准的问题并让学生解说。

促使学生思考学习内容的提问能够达到更好的学习效果。

高水准提问是强大的，能够促使学生思考、反思并巩固他们的学习。比如，克拉马尔斯基和梅瓦雷特比较8年级学生学习线性函数图时4种不同情况下的效果：

1. 高水准提问的合作型学习

2. 高水准提问的个体学习

3. 没有提问的合作型学习

4. 没有提问的个体学习

高水准提问包括促进理解（比如，"这个图表的趋势是什么？"）、策略性思维（比如，"什么策略或原则可以用来解决问题或完成任务？"）以及联结已学知识（比如，"这个问题跟你答过的问题相似还是不同？"）。10天的教导之后，学习后的测试表明，回答高水准问题的学生，不管是小组学习还是独立学习，显然比那些没有高水准问题进行讨论或思考的学生表现得更好（提升指数=28）。

鼓励学生解说自己的想法有助于巩固新知。

若干研究报告，学生处理和巩固学习内容时，鼓励他们自我解说有积极的效果——比如，答数学题时把想法说出来，解释为何采用所选方案解答数学题，阅读时把想法说出来，以及解说新学的科学知识。福克斯和同事发现在鼓励成绩不太理想的4年级学生解说分数题的答题方案之后，这些学生反而比那些答题后没有自我解说的学生表现出更好的数学解题技

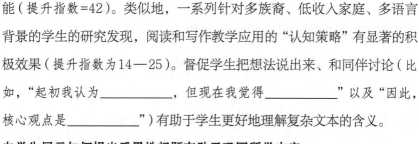

能（提升指数=42）。类似地，一系列针对多族裔、低收入家庭、多语言背景的学生的研究发现，阅读和写作教学应用的"认知策略"有显著的积极效果（提升指数为14—25）。督促学生把想法说出来、和同伴讨论（比如，"起初我认为＿＿＿＿＿＿，但现在我觉得＿＿＿＿＿＿"以及"因此，核心观点是＿＿＿＿＿＿"）有助于学生更好地理解复杂文本的含义。

向学生展示如何提出反思性问题有助于巩固所学内容。

有一些研究支持向学生展示如何在提出高水准问题的同时培养他们解决问题的能力以及提高阅读理解能力。克恩让5年级的学生两人一组解决计算机辅助的问题，之后对比3种不同境况的效果。第一组学生通过策略性问题问对方（比如，"我们的计划是什么？""到目前为止我们对问题了解多少？""我们需要一个不同的策略吗？"），同时两人一组解决逻辑和空间推理的问题（比如，找出某台机器创建一个产品的确切顺序）。第二组的学生在解决问题时向对方提问，但没给他们具体的问题。两人一组的控制组解决了问题，但没教他们提问。策略性提问的学生显然比自发提问的学生（提升指数=40）和控制组的学生（提升指数=34）表现得更好，这证明了教学生策略性问题对帮助他们巩固学习内容是有益处的。

冷不丁提问的技巧比自愿回答的技巧更有效。

自愿回答的技巧（叫举手的学生回答问题）在多数课堂上造成了某种"二八法则"的局面：大约80%的课堂讨论被仅占20%的学生主导。一般而言，在课堂上经常发言的学生都是表现很好的学生；而表现不佳的学生则逐渐退居幕后，更不愿意参加课堂讨论了。老师不要只叫举手的学生回答问题，而是"冷不丁"提出高水准的问题，随机叫学生回答。结果表明，当学生知道自己可能会被提问时，他们学习起来更努力。例如，一项对大学生的研究发现，如果告诉学生在课上会随机叫他们回答问题，那么学生会在课前读更多内容，花更多时间预习，从阅读材料中也能回想起更多的信息（提升指数=36）。相比之下，控制组的学生认为老师只会叫主动举手的学生回答问题，所以一般不会做太多准备。

问题的质量比数量更重要。

最后，值得注意的是融入高水准提问和学生解说的有效干预反映了少即是多的理念；一般而言，老师提出一些高水准的问题，而不是用各种问题追问学生。事实上，老师提问的数量似乎与问题的质量呈负相关关系。一项对大学课堂的观察研究发现，提问很多的教授问的都是一些低层次的问题。简言之，帮学生巩固他们的学习，你可以提出几个精心挑选的、有思想深度的、高水准的问题，然后给学生充裕的时间思考如何回答这些问题。

高水准提问和学生解说的课堂提示

对学生提出高水准的问题，鼓励他们通过自我解说展现自己的思考，这样能够确保他们思考和反思学习内容，从而帮助他们处理和巩固学习。对于如何把高水准提问和学生解说嵌入学生的学习经历中，我们提出以下的提示。

规划高水准提问辅助学生思考自己的学习。

你写教案时，琢磨下你想让学生在学习的时候思考什么。他们必须掌握什么新概念？他们应该把什么想法关联起来？他们应该考虑什么因果关系？为了掌握新的技能和流程，他们必须反思什么细微差别？接下来，列出一份问题清单，不需要很多问题，但可以帮助学生思考理念、概念、学习内容之间的关系及细微区别。把这些都写进你的教案。

督促学生自我解说来展现自己的思考过程。

你的问题应该也能鼓励学生自我解说、发展思维技能，并让他们的想法展现出来——这个技巧常被称为"精细提问"。简单地说，精细提问促使学生思考为何有些事情有效或合理——"确切地说，那个如何运作？""为什么那样是正确的？""万一它并非如此呢？"比如，你可以让学生思考为何分数可以交叉相乘，在室内释放压缩的空气如何会让房间凉快下来，或者如果汉尼拔骑着他的大象和他的军队成功越过阿尔卑斯山会怎么样。把精细提问融入学习的一个简单方法就是问这个黄金问题："你为何这么说？"这个简单的问题让思考得以展现，帮助学生反思自己的学习，并且适用于任何年级和科目。

冷不丁提问（以及再次提问）确保所有学生思考自己的学习。

如果只是叫那些举手的学生回答问题，结果就是只有少数学生回答问题，其他学生则被动地观望——这些学生可能就没能思考或巩固他们的学习。对于许多老师和学生而言，采用冷不丁提问的技巧可能是与以往的做法截然不同，因此，你可能需要提醒学生提问方式将要发生改变。解释你为何想让所有学生都加入讨论，向他们保证课堂对话的目的不是让他们机械地复述正确的答案或对其进行评判，而是要通过让他们分享自己的想法以及当前的理解来帮他们理解学习内容。向学生表明随机提问并非有意让任何人尴尬（或者偏爱哪位学生），你可以把名字写在贴纸上、叫学号或使用随机抽取小程序来确保你确实在随机提问。起初，一些学生可能还没准备好回答问题，但你仍想让他们思考自己的学习。这时你可以允许任何人都可以暂时过关，让他们知道你过后会再来找他们，因为你想听听他们的想法。当你再次找他们时，邀请他们说说自己在小伙伴那边都听到什么想法、自己的反思是什么。

利用等待时间，给学生（还有自己）机会思考问题。

在提问时，一定要在叫学生回答问题之前确保有充足的等待时间——无论是在你提出一个问题之后，还是在学生回答你的问题之后。最优的等待时间至少是3秒。一开始即使一个短暂的停顿也可能觉得时间极长，尤其当你习惯快速提问时。然而每个停顿都是重要的，这样学生就有时间思考你提出的问题，也有助于他们开始巩固学习的内容来作答。确保等3秒钟，提问学生之前你可能需要在心里数到3，或许用一种内在的节奏或节拍来确保你等得足够久（比如，"学生深入思考的时候我开始从1数到3"）。这样的等待时间对老师而言还有另一个目的：如果一个问题没能促使学生思考自己的学习，那么这就说明学生还没把握他们的学习内容。如果学生不假思索地回答你的问题（比如，"1812年之战是什么时候？"），那么你的问题可能太简单。学生回答后给大家等待时间，这是邀请其他学生把自己的想法跟听到的同伴的想法关联起来。在暂停几秒，然后叫另外一位学生回答问题之前，使用诸如"让我们思考一下如何关联或拓展那个想法……"的提示语，这样学生能够深入思考、做更多知识上的关联，而且你也向学生展示了他们（不仅仅是你）也可以在理解学习内容上起到积极的作用。

让学生回答问题并向同伴解释自己的想法。

我们样本中的许多研究都是以学生两人一组或3到4个人为一组的形式向学生提问。这么做让学生有了一个安全的空间，让他们有机会整理他们的想法、让他们的思考可见、听到同伴如何理解学习内容，并且相互检查对学习内容的理解。对于英语非母语的多语言背景的学习者，小组或两人一组也能提供机会，让他们用母语处理想法。之后，我们将更仔细审视通过同伴协助巩固学习的途径，向大家展示如何通过小组活动确保所有学生（而不仅仅是少数学生）有机会回答高水准的问题并解释自己的想法。

策略7
引导下的初步应用及形成性反馈

学生做初步应用时给予形成性反馈，这将有效、准确地帮学生巩固新技能以及程序性知识。

通过策略教学与示范帮学生发展新技能和学习程序性知识，之后在他们初步尝试将所学的技能和知识付诸实践时，给他们充分的支持、指导和反馈——也就是说，在他们巩固所学内容并开始熟练掌握新技能的过程中给予支持。在"我来做""我们一起做""你们一起做"和"你自己做"这一系列责任模型的各个阶段当中，上述策略和"我们一起做"这一阶段紧密关联，并且"指导实践"阶段在通俗易懂的直接教学和掌握型教学中都能找到。基本上，当学生初步尝试应用一项新技能的时候，重要的一点是观察他们的行动并给出反馈，从而帮助他们精确、有效地发展这项新技能。我们从以往的研究中找出11项展示显著积极效果的研究（提升指数为11—49），这些研究在所有年级、多个学科以及不同学生群体中适用。引导下的初步应用及形成性反馈常常是策略教学与示范的亲密伙伴，因为这一策略主要用于支持学生掌握程序性知识（学习新技能和流程）。

引导下的初步应用及形成性反馈的指导原则

我们从上面提及的研究中提取以下指导原则，老师指导学生最初应用并给出形成性反馈时可以参考。

有老师指导的应用应该先进行直接的策略教学与示范。

　　若干研究均表明，将策略教学与示范和引导下的初步应用及形成性反馈相结合的干预措施有积极效果。显然，学生在最初尝试应用新技能时如果接受老师的教导以及存在问题的技能、程序和策略的示范，那么他们会更加成功。老师会持续重新教学生技能、重新示范，尤其是对于那些一开始学新技能时比较吃力的学生，而在这一过程中老师也会不断用到策略教学和指导型应用。比如，在某个干预中，老师采用"回声朗读"——给学生重读课文中有挑战的句子，然后让学生大声重复这些句子——结果发现先前表现不好的幼儿园孩子学习效果明显提升了（提升指数=30）。

学生第一次应用新技能时，老师的观察以及对学生量身定制的反馈让学生受益。

　　这个阶段的学习——学生尝试掌握新的程序性知识——是学习过程中不确定的时刻。如果学生存在误解或技能学得不正确，他们常常会失望，然后更落后。因此，当他们开始掌握新技能，并把技能自动化时，要观察他们，针对他们的学习需求给出真实的反馈。不足为奇的是，无数的研究指出在学习初期给学生量身定制的反馈有很多好处，这能够确保学生一开始就走上正轨。比如，一项对将近3000名学生的大规模研究中，罗斯切尔和同事评估线上作业工具的好处，这个工具在7年级学生开始尝试掌握多步骤数学题时提供个性化的提示和及时的反馈。使用线上工具的学生比那些参加传统课堂教学和完成作业却没收到任何反馈或个性化指导的学生表现更好（提升指数=7）。显然，低于平均分的学生从量身定制的反馈中受益更多（提升指数=11），这表明个性化、实时的反馈是缩小学生之间成绩差距的一个强大策略。这些发现以及那些在多种族环境下开展的研究证明，当学生最初应用新的学习内容时，老师的细致观察以及给出量身定制的反馈有强大力量。

形成性反馈应该支持学生的反思和思考。

如果老师不是简单地给学生正确答案，而是鼓励他们反思自己的学习，并思考如何纠正自己的错误，这样的反馈更强有力。比如，在某个干预中，老师给每位学生提供量身定制的反馈，支持学生通过反思巩固数学解题的技能（比如，"主要的错误是什么？""你为何犯这样的错误？""你需要哪类型的信息来解决问题？"）。给低收入家庭、英语非母语的6年级学生提供这样的反馈后，他们明显比那些只收到正确答案的学生表现更好（提升指数＝49）。类似地，福克斯和同事探索强化训练的益处——学生在老师的指导下回顾自己错误的模式并应用新的策略纠正答案。来自多种族、低收入家庭的3年级学生——这些学生数学学得吃力——参加强化训练之后表现明显比那些老师只给正确答案的学生好得多（提升指数＝23）。

克拉拉娜和库尔比较给学习科学课的高中生的三种反馈：

- 延迟反馈，比如在练习册的末尾再给学生类似正确答案的反馈。
- 立马给出正确答案的反馈，比如提供单选题的正确答案。
- 让学生做出多种尝试的即时反馈，比如对于错误的答案还伴随着"再试试"的讯息。

过后对学生做逐字逐句和同义转换的测试，延迟反馈和立即给出正确答案的小组比接受多种尝试反馈和没收到逐字逐句测试反馈的小组表现得更好（提升指数分别为32和24）。然而，在同义转换测试中，接受多种尝试反馈的学生比其他小组都表现得更好（提升指数＝24，对比只给课文）。克拉拉娜和库尔得出的结论是学生更可能从多种尝试的反馈中受益，因为记忆的巩固需要和新的学习做多种神经联结。因此，鼓励学生思考学习内容的反馈有助于更好地理解概念。

一旦学生发展对概念的理解力，对学习进度的反馈有助于自动转化学习内容。

随着学生对新技能娴熟起来，你可以不用再鼓励他们停下来思考自己的学习内容，而是提供更多的进度反馈（告诉学生某个答案正确与否）。种族构成多样、来自低收入家庭且学习成绩不佳的1年级学生学数学时老师给了两种不同形式的反馈，福克斯、吉尔里和同事就此比较两种反馈的效果。第一组接受日常关于数字知识的教导，随后是5分钟正常速度的练习，老师给出的反馈是来帮助他们反思在课堂教学中所学数字知识的关键原则。第二组接受同样的教导，但随后参加的是5分钟日常加速练习，在此期间他们尽力正确回答许多问题，老师的反馈是告诉他们答对还是答错。控制组没有接受特殊的教导或额外的训练课程。接受教导的两个小组都比控制组表现更好；然而，参加加速练习并且老师纠正答案的这一组学生（提升指数=24），比没有参加加速练习、没收到形成性反馈的学生（提升指数=8）收获更大。这些发现表明，一旦学生巩固了学习内容，我们实际上得让他们停止思考过程的每个步骤，而是要一气呵成地应用所学内容。比如，一旦他们破译了声音符号体系，我们想让他们更流畅地朗读。一旦他们理解了数学概念，我们想让他们自动地回忆数学事实。考虑到这一点，为了帮助学生提高熟练度，不妨尝试不再督促他们思考如何学习，而是给他们时间进行练习，然后对他们的进度进行反馈。

在最初应用期间给3个正确的回应，这有助于学生掌握学习内容。

3确实是个神奇的数字。如果学生在最初的应用时段能够3次成功展示新技能，那么他们将获得最大的成功。实际上，这个学习原则已被应用于软件程序，成千上万的学生用过之后都展示了积极的效果，即针对新的问题给学生提供反复的练习和反馈直到他们能够正确地解决同样的问题。控制组的学生完成传统的家庭作业，但没有确保自己3次熟练掌握新技能，相比之下，使用软件的学生在学年期末数学标准测试中展示了在学习上虽小却意义重大的进步（提升指数=7）。

引导下的初步应用及形成性反馈的课堂提示

研究证明，在学生最初尝试巩固新技能的时候观察他们并提供形成性反馈大有益处。形成性反馈有助于理解概念、纠正错误观念和错误模式，并帮助学生熟练掌握技能和程序性知识，从而把知识和技能自动化。这里有些提示帮你把这些原则转换成学生有效的学习体验。

学生最初应用新的学习内容时，观察他们。

如果你想请你的网球教练教你如何在发球时做上旋，这时你肯定不想看到教练递给你一篮子球，走开之前说："现在你试试；一会儿我来看看你的球都落在哪里。"任何有责任心的教练当然会在你最初尝试应用一项技能的时候仔细地看你做，这样他们可以提出建议。因此，如果学生初步尝试掌握新技能，老师走开，实际上就像老师布置一道介绍某项新技能或某个程序的作业，却没能在学生初步应用技能时观察学生。因此，在学生初步尝试应用新技能（"我们一起做"的学习阶段）期间，观察学生的进展很重要。在学生初步应用期间，不管是解方程、进行不规则动词的变形练习，或写一个有力的论点句，你可以在教室走动、越过学生肩膀看学生的情况。你也可以使用"翻转课堂"录下教学视频，在里头解释学习内容，先让学生在家里看教学视频，然后把课堂的时间专门用来观察学生如何应用新技能并给学生反馈。

认出错误的模式并给学生针对性的反馈。

当然，观察的真正力量在于老师针对学生的学习需求给出反馈。以下问题是从卡德尔教中学生数学的有效干预中提取出来的。这是用来反思的有用模板，帮助你针对学生的需求给出反馈，同时确保反馈是形成性的，帮助学生反思并思考自己的学习：

1. "关键的错误是什么？"

2. "学生犯这个错的原因是什么？"

3. "学生做对了什么？"

4. "我如何指导学生在将来避免犯错？"

这4个问题有助于在所有年级和科目领域都关注反馈——不管你是提醒学生将上面的数字乘以下面数字的个位数还是帮助他们认出劝说文中的逻辑谬误并回应逻辑谬误。

提供具体并具可操作性的形成性反馈。

收到模糊反馈的那种沮丧你可能经历过——比如你被告知自己作文的某个句子写得"别扭"或"拙劣"，然而怎么别扭了？怎么拙劣？如何修改？你却没收到任何解释。更有帮助的反馈当然是能够引导你行动起来——比如，"你在句首写这么长的从句，很难认出句子的主语。你该怎么重写这个句子？用句子的主语引出句子，这样句子的结构是不是更清楚些？"不要填鸭式地给学生正确答案，你在学生最初应用的时候给他们的反馈应该是形成性的，鼓励他们思考自己的学习并反思学习的过程。反馈也应该足够具体并具可操作性，即学生知道如何处理这些反馈。因此，如果你清楚学生犯的错误，能够找出学生需要怎么做才能不一样，并能够指出他们应该思考什么来提升，那么你更容易给出妥当的反馈。见表4.1的一些例子。

表4.1　令人反思的、可付诸行动的反馈

错误模式	学生应该做什么	学生应该思考什么
没有论证已写的论点	用事实或细节来拓展论点	我是在展示而不是思考吗？我需要在哪里添加"因为"这个词？
把数字加起来之前没有排列数字	将数字的个位数对齐	我的回答有意义吗？ 我可能犯了什么错误？
总结文章的时候关注细节而不是主旨	使用标题和主题句来提取主旨	作家是在哪里给他们的观点埋下线索的？ 在我看来，这位作家想要传达的核心思想是什么？

帮助学生理解和应用"三即好"的原则。

你应当确保学生三次无误地应用一项新技能或完成一个流程，然后再放手让他们独立训练（第5章的重点）。你可以教学生这个"即刻学习或稍后学习"原则，帮学生理解这个原则，让他们懂得一开始就学对，之后是有回报的，因为这样他们就不用做很多无用功，然而收获却更多。有些技能他们可能尝试几次之后就熟练了；其他技能可能需要十几次或更多的训练。关键是不管做多少尝试，要在一开始有老师指导的训练阶段熟练掌握技能。接着，未来的训练可以侧重于把所学技能妥当地自动化，并把新的学习内容转化成长时记忆，而不是忘了学过的内容然后又重新学一遍。记住这一点，鼓励你的学生诚实地评估他们的进度，并在最初尝试时求助，以确保错误不会固化，即及时纠正错误观念或错误应用而不是让它们变成习惯。

随着学生初步掌握新知，给他们的反馈转变成进度反馈。

当学生第一次学习新技能时，他们需要反馈来帮自己反思并督导自己迈向掌握的进度——从本质上来说，"慢慢来才能快"。比如，你想让他们充分理解流程的每一步：对解决问题的探索、把认知和元认知思考策略完全内化，以及可以看到数学公式实际代表什么。你最终的目标是帮学生把新的技能自动化，这样他们可以解放大脑，关注如何解决复杂的问题、如何培养批判性思维以及技能的应用。简言之，你实际上想让学生把学习内容自动化、熟练掌握技能，对于他们正在做的事情不用多想。我们将在第5章讨论这一点，做到这一点的最好方式是通过重复练习来加强学生正在形成的神经联结。随着学生从最初应用到独立训练，你的反馈也可以从形成性反馈转变成对进度的反馈。看到学生犯错时鼓励他们反思，一般这样提醒学生：你们已经学了技能，但需要更多的练习才能把所学技能自动化（比如，"检查自己的作业"；"不要说出来，展示给我看"；"运用你的精读技能"）。

策略8
在同伴协助下巩固学习内容

在同伴协助下巩固学习内容就是形成小组或两人一起梳理、讨论及训练新的学习内容。

人类是社交的动物，渴望有机会和他人分享自己的故事、经历和挑战——有时是因为我们喜欢听自己言说，但经常是因为我们想听听他人如何看待自己的经历。苏联心理学家列夫·维果茨基的社会建构主义理论设想学生主要通过和老师、家长以及同伴的社交互动来学习。这个社会建构知识的理论也在实验性研究中有所反映，理论与研究都指出同伴协助对于学习内容的巩固颇具意义。我们特意使用"同伴协助"这个短语，而非更常见的"合作型学习"这个术语（在本书先前的版本中我们用过）。在我们审视的每一项研究中，新知识都没有通过同伴协助的方式介绍给学生。相反，把学生分成小组是用来帮助他们梳理老师教过的知识和技能。我们现在提出这一点是因为这些年来，我们看到老师使用合作型学习向学生介绍新的知识和技能——比如，让学生结伴一起读新的文本或放手让小组学生发现解答复杂数学题的方案。考虑到这一点，我们把这个策略放在关键概念和技能的直接教学之后。

我们从以往的研究中找出9项与同伴协助学习干预相关、效果显著的实证研究（提升指数为8—42），这些研究在所有的年级和科目领域展开，研究对象是来自不同种族背景的学生、来自多语言背景的学习者及贫困生。就像其他策略，在同伴协助下巩固学习内容一般不被认为是独立运作的干预，而是包含在一系列相互关联的策略中，经常包括词汇教学、策略教学与示范、高水准提问和学生解说。

在同伴协助下巩固学习内容的指导原则

以下是从这些研究中总结出来的指导原则，应用在同伴协助下巩固学习内容这个策略时可以参考。

同伴协助学习是对直接教学的补充而不是取代。

这一点得反复提及。9项研究都表明，教学生知识和技能之后，同伴协助学习让学生有机会停下来梳理老师教的内容。比如，金姆和同事发现老师教3年级学生基本的阅读技能之后，通过相互教学及班级辩论加深对认知复杂的小说和非虚构文本的理解，此后这些学生的阅读理解能力有显著提升（提升指数=8）。类似地，萨德勒发现老师教4年级的学生组合句子的策略并示范之后，让学生两人一组训练这个策略，这样的干预也有积极的效果（提升指数=24）。简言之，同伴协助学习不应该取代老师的教学，而是起到辅助的作用。

精心设计的活动是有效的同伴协助学习的关键。

应该精心设计同伴学习的活动来帮助学生巩固所学知识——例如，讨论认知有挑战的文本时可以提供问题作为引导或使用精心设计的互惠教学原则来提升阅读理解能力。没有任何研究发现随意的同伴学习有积极效果。例如，克拉玛尔斯基和梅瓦里特比较处于4种不同学习境况下的8年级学生解读数学图表的效果：对于小组讨论，老师提供或没提供问题引导学生交谈，以及老师提供或没提供问题引导学生独立学习。参加同伴学习并且有老师提问作为引导，处于这种境况的学生比所有其他小组（包括那些在随意小组、没有受益于老师提出的问题的学生）表现得更好（提升指数=28）。研究人员发现，没有精心设计的合作学习与独立学习相比，并未体现出任何优势。事实上，参加精心设计的独立学习的学生比那些没精心设计的小组学生表现更好（提升指数=9）。

有效的同伴协助学习融合了个人责任和积极互助。

同伴协助学习策略的设计也应该包含积极互助，这可以避免"搭便车效应"，即让学生为自己学习负责的同时确保个人的成功不会以牺牲他人为代价。例如，万泽克和同事发现一个同伴协助学习的干预有效提升多族裔高中生的社会科学知识。3到5名学生组成团队一起讨论阅读理解的问题，并对高水准的问题分享想法（比如，"思考一个国家从与世隔绝到对外扩张的三个最主要的事情是什么，然后思考每位总统任职期间最关键的时刻是什么，并就是否需要采取相同或不同的行动方案提出建议"）。在每个为期3周的单元结束后，学生们通过一个同伴评估的流程总结团队成员对小组成绩做出的贡献。20周后，参加精心设计的团队学习的学生很明显在内容知识（提升指数=16）及阅读理解（提升指数=8）方面比那些接受传统教学的学生表现得更好。同样，针对高度贫困区的中学生做的一个多方面干预，把学生分配在混合能力的团队（两人一组或形成小组）一起学习，他们的阅读技能有显著提升（提升指数=10）。学生个人的阅读理解小测试成绩提升了，这反过来也提升了团队总分，这个总分用来确定团队何时能够进阶。

小组成员能力不一对所有学生都有益。

有所设计的能力混合的小组是强大的。比如，让写作能力比较强的同学和写作能力比较弱的同学搭档训练句子合并，组建混合能力团队支持阅读和写作训练，或者创建不同生源的团队提升社会科学学习。一些老师或家长担心混合能力小组会减慢成绩好的学生的学习进度，然而并没有证据显示这种情况的发生。同伴协助学习可能让学习好的学生更受益。例如，万泽克和同事发现跟学习不好的学生相比，先前中等水平和成绩好的学生，在团队学习中进步更大。造成这样的差异可能是因为成绩好的学生有充分的知识储备与同伴对话，而先前知识或阅读技能比较弱的学生可能从直接教学或有辅导的学习中受益更多——这跟以下原则是一致的，即同伴协助学习只能是辅助关键知识和技能的直接教学，而不是取代。

在同伴协助下巩固学习内容的课堂提示

如果妥当地建构并且有策略地设计同伴协助学习，这样的学习小组可以帮助学生巩固所学知识，还有增强学生对学习的参与与动力这样的额外益处。这里有些提示帮你把这些原则转换成对你的学生有效的学习体验。

分块教学让学生得以停下来梳理学习内容。

因为学生的大脑集中注意力5到10分钟后就想"暂停"，所以在你的课程中穿插一些"大脑小憩"很重要，每个小憩5到10分钟，相当于让学生停下来梳理他们刚刚学习的内容。你可以在这些暂停时段使用本章突出的任何一种策略：指导学生应用新技能来巩固学习内容，提出高水准的问题反思学习内容，或通过同伴协助巩固学习内容、梳理新的学习内容。不管你感到时间多么紧迫，如果你没给学生这些"大脑小憩"时段，他们很容易就会走神或无心学下去。因此要确保有规律地给学生（以及他们的大脑）机会梳理学习。

有策略地分配学生到混合能力小组。

学生的能力、经历和已学知识虽然有所不同，但聚在一起相互支持、交流不同的视角并分享对新知的理解，这样的同伴协助学习效果最佳。不要选择最简便的方式让学生自己选定小组。这么做的话有些学生可能会觉得自己被排挤，而且学生也会错过在混合能力小组里丰富的学习机会。不同类型的学生构成的小组给学生提供向同伴学习的机会，对新的学习内容能够自我解说，我们见证过这是强有力的学习策略。你的同伴协助学习小组应该呈现不同的视角和已学知识。你甚至可以将这样的小组设计成半永久的团队，维持一整个学期或学年来帮助学生建立积极的互帮互助关系。

把高水准提问和学生解说融入同伴协助学习中。

就像巧克力和花生酱，高水准提问和同伴协助学习是很棒的搭配。对于初学者来说，比起全班讨论，小组会给所有学生提供更多的机会回答高水准的问题。而且，通过帮学生关联已学的内容并把学习内容汇聚成更大的概念、主题和理解，让小组关注高水准的问题（而不是回忆知识性的问题）都有助于巩固学习内容。给小组提供一些"热身"的回忆性问题是可以的，但交流最终应该引领学生达到更深层次的理解和巩固阶段。表4.2提供用来构建小学生、初中生和高中生小组交流的高水准问题的例子。

表4.2　有助于构建同伴协助巩固学习的高水准问题

问题类型	小学	初中	高中
理解	故事的主角是谁?你为何这么说?	如何逐步描述光合作用?	作家的主要观点是什么?
关联	植物和动物有何异同?	法国大革命和美国独立战争有何相似之处?	熵如何影响天气模式?
策略	计算不规则图形面积的三种不同方式是什么?	如何让我们的模型车跑得更快一些?	计算掉落物体的速度最简单的方式是什么?
批判性思维	哺乳动物为何能在寒冷的气候中繁衍生息?	对于你的说法会有哪些不赞成的观点?你将如何反驳?	历史是进步还是重复的故事?罗马的衰落是不可避免的吗?

采用各种教学结构让学生参加同伴协助学习。

　　尽管教学条理性是有效同伴协助学习的关键,但当学生的大脑开始走神的时候,教学多样性和新颖性是让学生大脑重新集中注意力的关键。要让学生参加各种同伴协助学习的活动,表4.3提出若干有效的方式。变换学习方法让同伴学习不至于枯燥乏味或过于模式化。

表4.3　同伴协助学习活动范例

活动	学生如何受益	流程
思考、写作、两人一组分享	有助于学生反思、加深并精炼自己的想法	不是简单地让学生"转过身来谈话",而是先提出一个高水准的问题,然后给他们几分钟时间写下回应(在日记本或笔记本上)。等他们把想法写在纸上,就可以让他们跟搭档分享。

（续表）

活动	学生如何受益	流程
点兵点将	促进小组讨论的积极互动	4人一组，给学生标出1到4的序号。向全班同学提出高水准的问题，让每个小组想出一个深思熟虑、论证翔实的回应。小组讨论总结后，回到班级讨论，并从1到4的数字中选出一个，让每个小组同样序号的同学回答问题。关于这个技能的相关研究发现，这么操作之后，学生在接下来的内容测试中基本都通过了。
互惠教学	巩固来自不同背景、不同学习能力的学生的学习并帮助他们理解认知上有挑战的文本	给学生示范关键的理解策略，比如总结、提问、澄清及预测。把班级分成小组，分配给每个小组学生以下4个角色： • 总结人读一篇文章并总结（对于年龄较大的学生，这个活动可以在学生自己读完整篇文章后开展，由总结人总结文章的要点）。 • 提问者提出的问题能够引出关键的想法和概念，包括推断或如何应用来自文本的新信息。 • 澄清者找出阅读过程中遇到的障碍，比如不熟悉的词或发音；他们也可以通过重新阅读这篇文章或者如果需要的话，向老师求助来弄清文章的含义。 • 预测者让小组预测接下来将会发生什么（或者从阅读中可以推出什么隐含义或应用）并记下小组的回应。

❖ 小结 ❖

帮助学生暂停下来梳理并巩固学习内容

　　你可能听过学生说他们不明白学到的某些内容，或者你看到他们磕磕绊绊地应用一项新技能。当这样的情况发生时，学生的大脑正处于什么样的情况？同样的事情可能也会发生在你身上，比如，在某个教师大会上，你拐错了弯，误入某个投资论坛。一位经济学家走到讲台并开始做一个相当枯燥的讲座，讲座内容是关于美联储量化宽松政策对利率和经济增长的影响。你可能对听到的发言感到困惑——没错，你听懂发言者的每个词，但不能理解他要表达的含义。结果，你带着一堆混杂的数据（隔夜拆借利率、劳工数据、通胀数据）离开会场却没法消化这些信息。

然而，如果经济学家开讲几分钟后停下来，对你提出几个问题，让你和旁边的人讨论刚刚听到的内容呢？如果你可以马上知道自己对讲座内容的理解正确与否呢？如果整个会场的投资者分成4人一组，参加关于讲座的友好互惠学习活动呢？你可能听到有人用通俗的语言总结演讲的要点。另一个人可能帮忙界定关键概念。小组里的另一个人可能提问，帮助你将所学内容与自身已有的知识（比如，利率、银行贷款）建立起联系。这样你就能够理解听到的讲座。

因此，当你的学生说有些内容不明白或者他们不知道如何做某件事时，他们真正想说的是他们的大脑需要更多的时间停下来梳理刚刚学到的内容——通常跟同伴一起梳理。或者他们的意思可能是觉得自己需要一些指导——老师能看到他们尝试新技能的情况并给予反馈。如果你给了学生这些机会，他们更有可能理解学到的内容。这样一来，他们将更充分地准备参加学习过程的下一步：把新学到的知识迁移到长时记忆中。在下面两章，我们将讨论关于上述这些学习过程，认知科学都揭示了什么；我们也会讨论来自实验研究的信息如何支持课堂学习的这些关键阶段。

Chapter Five ｜ 第5章

帮助学生练习与反思

当你的学生在学习过程中达到这个节点时，你已经运用认知兴趣线索和个人目标引发他们对新知的兴趣并投入其中。你已经帮助他们关注新知，他们则开始巩固学习内容，并转换成能够理解的连贯模式。然而，学习的旅程远远没有结束。事实上，就在这个节骨眼上，大量的学习内容常常丢失，从未进入学生的长时记忆。在一个月内，学生就会忘记在学校学习的90%的内容。

练习和反思是学习的第五个阶段。在这一章，我们将审视学习的科学的一些关键（和令人惊讶）的原则，解释为何学生貌似学了很多内容却从未找到长时记忆这个家。我们也将提出3个强大的教学策略，你可以用来促使学生记住课堂上的学习内容——不仅仅是保留30天，而是一生。

✍️ 研究表明

我们还是从认知科学的一些重要见解开始，看看如何鼓励学生练习和反思，进而帮助他们把信息从短时工作记忆转换成长时记忆。

重复是把新学到的知识嵌入长时记忆的关键所在

记忆储存的第一个指导原则可以用三个词总结：重复、重复、重复。新信息能否找到长时记忆的家，取决于我们大脑是否经常回顾新信息，以便强化用来编码学习内容的神经通路。基本上，如果我们想记住新学的内容，必须不止一次重复练习。我们在第4章描述过，记忆不会整齐有序地藏在某个神经元中或归入大脑齐整的档案体系；它们散布在一个由神经通路联结起来的杂乱网络当中。重新唤起一段新记忆将激活联结神经元的神经通路。随着神经通路被重新激活，大脑开始用一层绝缘护套（叫作髓磷脂）将它们包裹起来。很像包住电线的绝缘体帮助电流更快地传导，髓磷脂外层让这些神经元更易于一起再次驱动。因此，重复练习是形成长时记忆的关键——例如，对于一项新技能，学生必须练习至少24次，才能达到80%的熟练程度。

间隔重复练习可以强化记忆

追溯到一个多世纪前的科学实验展示了尽管重复练习是记忆的关键，但把学到的内容转换成长时记忆的最佳方式是在几天或几周内间隔重复练习。死记硬背的古老做法——在某个单一练习时段一遍又一遍地重复练习——可能是短期内学某样东西的最佳方式，然而却最不利于将学习内容转换成长时记忆。简言之，死记硬背的结果是快速学习、快速遗忘。整晚死记硬背之后，学生可能觉得自己学到了什么，因为他们可以快速地说出学习内容，然而实际上并没有把学习内容储存到长时记忆中；这形成了"认知幻觉"。学生可能认为新学的内容被铭刻在石头上，但实际上是写在沙子上，随时会被冲掉。然而如果几天后回顾新的学习内容（然后过几天再回顾），这将增强已经形成记忆的神经通路，并在此基础上创建额外路径，从而提供更多方式提取信息。

提取练习有助于记住新的学习内容

一个世纪前，研究人员在试图绘制"遗忘曲线"（新信息从记忆中消退的速度）的过程偶然有一个非凡的发现。测试研究对象看看他们先前学的材料能够回忆起来多少，结果揭示持续不断的测试"干扰"了研究的正常进行。越是频繁地让研究对象回忆某一个话题，参加者更可能记住这个话题。这是研究人员无意发现的，但一个世纪后这个想法令人诧异地变成教学策略的基石：如果你想记住什么内容，进行自我测试。结果表明，绞尽脑汁记住某样事情能够重新激活神经网络，反过来更多的髓磷脂包裹了这些神经通路，下次提取信息就更容易些。这比简单地练习、重读或复习已学的内容更有效。这种提取练习是把新的学习内容存入记忆的最强大方式之一，适用于所有年龄段的学生，从学前到小学、初中、高中以及大学。

混合练习虽然一开始比较难，但最终却让学习更有成效

若干年前，克尔和布斯在某个实验中有一个奇妙的发现，这个实验的对象是十几个8到12岁的孩子，实验内容是让他们组成小组练习扔沙包。小组一半的孩子练习把沙包扔进3英尺远的桶里。另一半的孩子练习把沙包扔进距离2到4英尺远的桶里。12周后，小组之间开展比赛，看看孩子们能够往距离他们3英尺的桶里扔进多少个沙包。平时在2到4英尺距离练习扔沙包的学生比那些一直在3英尺距离练习扔沙包的学生更精准——尽管他们从没在3英尺的距离练习过。为何会这样？通过混合练习，第二组

学生对于活动发展了更好、更细微的感觉——弄明白最佳曲线、速率以及在两种距离扔沙包时手的运动，这些提升了他们扔沙包的技能，不管在什么距离都能表现不错。

　　接下来的研究发现这个原理——交错练习——同样可以应用于学术学习。起初，做交错练习的学生学起来似乎缓慢，然而随着时间过去，相比那些一次只训练一个技能或一组知识的学生，做交错练习的学生学得更好。比如，泰勒和罗勒随机让4年级学生在两个不同的练习条件中学习如何计算棱镜的面、边缘、角及角度。一半的学生参加传统的"分块练习"（进入下一个练习之前解答同一类型的问题）；另一半学生参加交错练习，以不同的方式解答不同类型的问题。一天后进行初步测试，在分块练习小组的学生比在交错练习小组的学生表现更好，他们能够回想起将近100%的学习内容，而交错练习小组的学生只能回想起70%。然而，两天后再次测试，交错练习小组的学生比分块练习小组的学生表现得更好，能够记住比前一天更多的学习内容——将近80%（分块练习小组的学生能够记住的内容少于40%）。或许更重要的是，交错练习小组的学生没怎么犯"分类错误"，即弄混了问题的类型。

　　简言之，学生混合练习的技能强迫他们的大脑更努力工作，做出微调，并更深入地反思正在练习的内容。比如，如果他们必须在某个单一的练习时段解决不同类型的数学问题，他们必须考虑使用什么策略来做分数的除法、小数的乘法或分数的加法（或者计算棱镜的角度、边缘以及镜面）。结果是在练习时段融入"必要难度"迫使学生为他们的学习发展更丰富的神经通路，反过来当他们在现实中遇到混合类型的问题时，能够更好地辨认问题类型，并调整他们解决问题的策略。

　　有3个以研究证据为依托的教学策略可以帮你把这些指导原则转换成

独立练习的机会，有效地应用重复、提取和反思来帮助学生把新的学习转化成长时记忆。

策略9
提取练习

提取练习让学生回忆新学到的内容来记住新的陈述性知识。

从苏格拉底开始，测试学生已经成了一种常见、固定的教学方式。然而老师们倾向于用测试来衡量而不是支持学习——只是在学生的成绩簿写上另一组数据。或者他们可能利用测试让学生变得有动力，因为同学们担心有突击测试，会一直保持警觉。然而，认知科学表明，对学生进行测试的目的应该跟传统测试理念不一样，并且更有意义：帮助学生将新学到的知识纳入他们的长时记忆中。测试迫使学生在记忆中寻找他们最近获取的信息，进而增强与新信息相关的神经联结，之后更能回忆起这些信息。

我们回顾以往的研究，从中找出11项实证研究，这些研究让各个科目、所有年级以及学生群体参加提取练习（通过测试来记忆），结果证明了显著的积极效果（提升指数为11—37）。值得注意的是，这些研究审视的干预是专门设计来提升学生留存、回忆知识点和概念的能力的，并非旨在促进批判性思维或复杂问题解决能力的培养。这里的要点是不要让学生做浅层次的"死读书"，而是利用测试构建学生完成更复杂、更有挑战的学习任务所需的基础知识和技能（见第6章）。

提取练习的指导原则

这里有一些从上述研究中总结出来的指导原则，供做提取练习时进行参考。

提取练习比多数其他学习形式更有效。

很多研究证明，跟其他更常用的学习形式相比，诸如复习测试题目及答案、重读课文和回顾信息，以及构建新学习内容的概念图，提取练习的效果更好。例如，卡尔皮克和布兰特发现，跟那些只是复习课文的学生相比，参加提取练习的大学生学习效果更好（提升指数=25）。一个相似的研究发现，参加提取练习的120名学生中有101位（84%）比参加构建概念图的学生表现得更好——甚至需要构建概念图的测试题他们也完成得不错（提升指数=35）。提取练习比其他学习形式的效果更好，可能是因为这样的练习要求学生积极构建一个可以随时提取知识的大脑结构，因此比简单地重读、复习或制作概念图能够发展更多的提取线索。

当学生能及时获得正确答案的反馈时，提取练习的效果最佳。

研究表明，学生自己猜测后不久就收到正确答案的反馈，这样的提取练习效果最佳——例如，了解历史问题的正确答案或看到数学题的正确解题思路。这可能是因为伴随正确答案的"顿悟"有助于学生增强他们在大脑中创建来进行提取练习的神经通路。与此同时，等待正确答案时创造了一个短暂的好奇时刻，让学生更能保留信息。因此，当你测试学生时，暂停一会儿就给出正确答案，你会激发他们的求知欲，这样一来，你就在不知不觉中促使他们的大脑形成长时记忆。这里的关键词是"简短"。如果你让学生等太久（比如，等到第二天），那么他们的求知欲就会减弱，而提取练习的效果也会随之降低。

加速的提取练习有助于熟悉基本知识而不是发展更复杂的技能。

有一些研究表明，加速或限时的提取练习有显著的积极效果。例如，戴森和同事让成绩不理想、来自低收入家庭的幼儿园孩子用简单的数学闪卡参加加速的提取练习。一种练习是鼓励学生在一个限定的时间里回忆尽可能多的正确答案；另一种是让学生参加同样技能的数字连线游戏，但不限时且慢速进展。前一种练习收获将近两倍的学习效果（提升指数=29）。其他研究人员发现，比起让学生花同样的时间使用数学教具解释如何解答分数题，让一些有可能挂科的4年级学生在5分钟的"冲刺"中解答尽可能多的基本分数题，后者在数学问题解决的多个指标上的进步要显著得多（提升指数为23—37）。

这样的发现可能让一些教育工作者吃惊，因为可能他们之前被告知闪卡和加速练习会给孩子带来太大压力或导致肤浅的学习。实际的情况更复杂。加速的提取练习能够帮助学生掌握基本技能，而且没必要施加太大压力，尤其当提取练习的定位是学习游戏或与自我比赛而不是跟别人比赛时。毕竟，许多学生非常享受诸如电子游戏的加速练习。话虽如此，但值得注意的是单纯的提取练习很少转化成解决复杂问题的技能；福克斯和同事对比16周用闪卡做提取练习和16周通过老师讲解来解决词汇问题的效果，他们发现与未进行练习的控制组相比，使用闪卡进行练习提高了学生的数学技能流利程度（提升指数=21），但这些收获没有转化成解决应用题的技能。总之，闪卡和限时练习能帮助学生熟练掌握基本知识和技能，但不要把这些技能跟深层次的学习混淆起来。换句话说，加速的提取练习是必要的，但对于深层次的学习还不够。

提取练习应该巩固初步掌握的知识，然后间隔反复练习。

本书第4章提及初步练习时段的目标是让学生至少3次妥当地提取新的学习内容。卡尔皮克和史密斯给学生一份单词清单，让他们记上面的30个词。卡尔皮克和史密斯描述在初步练习时段让学生掌握内容的重要性。他们鼓励一些学生如果觉得自己能回想起这些单词就在清单上划掉相关单词；而另外一些学生针对清单上的单词进行几轮提取练习。结果是前者表现更弱一些。可能是第一组学生学了一两遍词汇之后，觉得单词看起来熟悉了，而实际上还没真正学会这些词就把词划掉了。大量的证据也表明，有必要用几天甚至几周的时间来做提取练习。例如，给幼儿园孩子们24次每次半小时的练习时段，让3年级学生在16周期间一周3次做提取练习，以及使用一个数学应用程序帮助4到5岁的孩子在12周期间做玩耍型的提取练习，这些研究都汇报了积极的效果。简言之，要分散进行多次练习，这样有助于发展强大的神经联结，因此得以把新的学习内容融入长时记忆。

提取练习的课堂提示

"通过测试来记忆"——让学生有机会绞尽脑汁回忆新的学习内容——强化刚刚形成的神经网络。不过要记住的是提取练习的目的不是简单地死读书。相反，提取练习的目标是帮助学生自动生成基本的知识和技能，然后应用这些知识和技能解决复杂的问题、培养批判性思维、进行探究式学习，我们将在第6章探索这些内容。以下列出的课堂提示能够帮你把这些原则转换成有效的提取练习的机会。

多做测试，少打分。

通过测试来记忆，这个策略最重要的是你没必要给所有的测试都打分。这是说真的。毕竟，提取练习的目的是支持——不是测量——学习。如果你担心不打分的话学生不会认真对待测试，那么帮助他们理解这些测试只是让他们的头脑变得敏锐的练习。和其他努力一样，训练好是为了表现好，这一点很重要。打篮球时教练一直给选手打分吗？学生在家练习乐器，乐团导师给他打分吗？没有，然而学生都很努力，尤其是他们期待赢得下一场比赛或在观众面前很好地演奏。提取练习也有同样的作用——强化学生的思维能力及记忆能力，这样他们可以实现自己的学习目标。你可以继续给学生做各种测试——诸如敲钟人活动以及在上课期间顺便检查理解力——但要摒弃这样的想法，即你需要在自己的成绩簿上填上所有测试的成绩。

及时给学生提供测试的正确答案。

测试后不要让学生等正确答案太久。学生经常得等24小时或更长的时间才看到测试答案（尤其是测试后得在成绩簿上登分）。这样的话学生的好奇心就被剥夺了，本来这样的好奇心能够让学生保持对新知的兴趣；此外，他们得以强化神经网络的"顿悟"体验的机会也被夺走了。每次测试之后，立马向学生提供正确答案，给他们机会纠正自己的错误并通过提问澄清对学习内容的误解。

基本技能的加速练习和复杂技能的反思练习要达成平衡。

我们提及加速练习有助于熟练掌握解决复杂问题所需的基本技能并把技能自动化。如果学生没能一下子提取基本的数学知识，那么解答复杂的数学题对他们而言就很难；如果学生不能理解基本的词汇，他们就无法参加热情高涨的课堂辩论；如果学生没有扎实掌握动词的词形变换，那么用外语交谈就有难度。简言之，在课堂上进行加速练习有它的意义。因此，一旦学生理解了基本概念和学习内容（他们能理解所学内容），就要确定他们必须熟练掌握的知识与技能，并为他们提供加速练习的机会以熟练掌握所学内容。也就是说，确保加速练习和反思练习的平衡，让学生减慢学习节奏，通过自我评估反思可能错过或误解的内容（例如，"我没明白的一件事是……"或"我不能理解的是……"）。

策略10
间隔式混合型独立练习

间隔式混合型独立练习的时段帮助学生把学习内容转化成长时记忆，因此一般在这些时段让学生间隔几天或几周反复回顾学习内容、接触不同类型的问题和知识。

假如在一个传统课堂里，你是一名学生，那么对于学习节奏你可能很好预测。你在家里读一篇文章，第二天你的老师讲解这篇文章。或者你的老师在课堂展示一项新技能，幸运的话，你的老师可能在教室四处走动观察你和其他同学怎么尝试这项技能，然后在你初步尝试这项技能的时候给你一些指导。之后，你和你的同学可能会在家里练习书本第1到第25道问题，第二天你们可能会在班上讨论（或只是提交给老师判分）。此后，班级会进入下一步的学习，不会再次回顾刚学的问题或概念——除了偶尔在某次零散的测试中出现一次。最佳的情况是你的老师在单元测试之前的复习时段可能稍微谈及刚学的新知识或技能。单元测试之后，班级就会接着学习新的内容，不会再次回顾已学内容——除了期末考试。

这样"教一次、练一次、测一次"的学习节奏仍然太常见了，然而研究表明这么做远远不是最佳训练，因为并没有反映大脑如何运作。大脑只有在多次接触新信息后才会记住这些信息——有足够多的机会去思考、提取、回顾以及练习新的学习内容——理想的话，在同样的时段练习多种技能。因此，帮助学生把学习融入长时记忆，你得连续几天或几周让他们有多个机会练习各种新技能和学习内容。

我们找出7项有显著积极效果的实证研究（提升指数为9—47），这些研究让情况各不相同的学习者参加间隔式混合型练习。尽管这些研究考察的干预措施关注学生数学技能的发展，但不时重复练习这一科学学习的原则也可以用来帮助学生发展其他领域的技能，比如写作、平衡化学方程式或培养体育和艺术才能。

间隔式混合型独立练习的指导原则

以下关于给学生提供交错式、间隔式独立练习的指导原则是基于上述研究得出的。

密集练习的结果是学得快、忘得也快。

用咖啡因助燃的熬夜应试可能是学生时代历史悠久的传统，但我们明白这个学习策略效果不好。两位研究死记硬背效果的认知科学家得出的结论是"学得快的结果是快速遗忘所学内容"。因此，研究得出的第一个关键原则是大家不要在考前熬夜突击，只有连续几天甚至几周不断练习，才能形成强大、持久的记忆。

交错练习问题有助于更好地记住学习内容。

另外一个常见（但效果不好）的学习途径是让学生进行分块练习，在同一个训练时段用同样的方法解决类似的问题（比如，在两位数加法中"进位10"）。给学生一些混合型问题，先让他们辨认问题类型，然后再采用妥当的策略解决问题，这么做益处更大。实证研究支持这个结论。梅菲尔德和蔡斯发现，学习代数规则的大学生当中，那些参加密集练习的学生（如，针对刚学的某个规则回答50个问题）显然比那些参加交错练习的学生（如，针对刚学的几个规则回答50个问题）表现差一些。这两组学生在应用能力（提升指数=47）和总体的代数技能（提升指数=35）这两项指标上的差异均具有显著性。交错练习类似的积极效果也在其他3项实验性研究中汇报过（提升指数为22到35）。

学生可能一开始觉得交错练习令人泄气，因为这样的练习好像让他们的学习进度"变慢"。事实上，传统的分块练习有利于一开始的学习，尤其是测试学生练过的同样内容。然而随着时间过去，参加交错练习的学生赶上并超过参加分块练习的学生，尤其是测试混合类型的问题（更真实地反映现实世界）。从本质上说，交错练习通过和新的学习建立更丰富的神经关联来帮助学生"慢下来再变快"，因此学生更好地保留学习内容并能够提取这些内容。

独立练习采用3乘以3的安排能更好地记住新的学习内容。

在初步练习时段，如果我们想掌握新的学习内容，至少重复练习3次，而且随后还得加上至少两个训练时段。有一项针对335名学生在多次练习过程中的学习情况的分析，达到初步掌握（3次正确回想某项学习内容）每项内容平均需要6.3分钟的练习时间。每项内容再添加两次训练时段需要额外的2.7分钟练习时间，但总体表现却提高了62%。罗森和唐洛斯基添加第4次和第5次练习时段进一步提高了学生的表现，但效果递减，如此得出的结论是：最优练习体现为3乘以3这样的安排——初步训练时段对学习内容有3次正确的回忆之后，紧接着两个额外的学习时段。

间隔式混合型独立练习的课堂提示

这些研究都证明连续几天或几周让学生参加多种练习很有意义。研究也证明在练习期间，通过展示"必要难度"帮助学生"慢慢来，才能进步快"，即让他们解决各种混合类型的问题或以不同方式呈现的问题，这促使学生更深层次地思考正在解答的问题。这些策略帮助学生充分利用练习时段，构建长时记忆和提取学习所需的神经联结。我们提供以下课堂提示帮助你在学生的学习过程中更有效地融入交错式、间隔式练习。

在单元教学计划中融入间隔练习。

设计学习单元时，列出你想让学生发展的所有知识和技能。接着，针对学生需要转入长时记忆的陈述性和程序性知识，至少给学生3次训练机会。对于许多老师（以及课本）而言，这可能跟当前的课程和单元设计有所不同。当前的教学材料经常遵循以下模式：

- 我教X。学生练习X。
- 我教Y。学生练习Y。
- 我教Z。学生练习Z。
- 最后，我测试学生关于X、Y、Z的内容。

因为一次性的练习课程效果不好，所以你必须为学生创造多个机会，这些机会要间隔一定时间安排，让学生有机会练习新知识和技能。确切地说你该怎么做？幸运的是交错练习的概念给我们指出答案。

混合重复练习的机会。

指导学生初步应用之后（比如，专门教某个策略来解决某个具体的数学问题），你可以把已学内容编入接下来的练习时段——比如，让学生解决问题、复习词汇以及训练他们在先前单元或课文中学到的内容。表5.1展示了如何融合前两个提示来提供交错、循序渐进练习的机会，让学生运用新技能的同时又能复习先前所学的知识和技能，至少一个单元复习3次。

改变问题的呈现方式与结构。

你也可以通过多种方式呈现问题来帮助学生发展更强健的神经联结——比如，改变方程式的展示（如，$13=7+3x$而不是$7+3x=13$）或者调整词性转变的表格，让第三人称复数在左上角（而不是右下角）。这些小小的调整创造了"必要难度"，促使学生更深层次地思考他们正在练习的

表5.1 交错和间隔练习的安排

技能	练习时段 1	练习时段 2	练习时段 3	练习时段 4	练习时段 5
需要掌握的新技能：西班牙语规则动词（beber, comer, corer）变成过去式	＊		＊		＊
需要掌握的新技能：不规则动词（tener, venir, hacer）变成过去式		＊		＊	＊
需要复习的旧内容：西班牙语规则动词（beber, comer, correrr）的现在时		＊		＊	
需要复习已学的技能：不规则动词（tener, venir, hacer）变成现在时	＊		＊		

内容，结果是学生形成更多、更深层次的"兴趣点"来提取知识。这一点尤其宝贵，当学生面对新颖的问题或问题的呈现方式跟他们起初学的稍微不同——而且这更像真实世界的场景。成人很少整天遇见只有两位数的乘法题或一天里说话只用第三人称的过去时。

教导并鼓励学生按3×3的安排做独立练习。

当学生重读文本或复习课堂笔记时，他们易于相信自己已经记住新的学习内容。到了测试的时候，才意识到自己并没有记住已学的内容或不能提取这些学过的内容。通过教他们采用3×3的日常安排做独立练习，你可以帮助学生避免这样的陷阱。年龄较大或学得不错的学习者可以自己写问题。其他学生从你提供给他们做独立练习的问题中受益。回顾第4章的提示，在初步的学习中教学生"三即好"的原则：如果他们能3次正确回忆新的学习内容，那么就可以接着往下学。

3×3练习计划的第二个而且同等重要的部分是至少再进行两次练习。对于许多学生来说，这很可能并非常见的做法，他们可能在考试前最多也就进行一次学习或练习。然而，进行3次练习却能使成绩提高60%以上。换言之，你应该教学生3×3练习，但不要假想不给任何指导他们自己就会遵循这个安排（安排连续一周或两周的练习时段）。

策略11
针对性支持

针对性支持给有挂科风险的学生提供密集的策略教学、指导型练习及形成性反馈来使学生加深对概念的理解、熟练把握流程以及巩固学习内容。

　　尽管你付出最大努力传授有效的、吸引人的学习体验，经常还有学生没能掌握新的学习内容。出现这种情况时，你得给他们额外支持和练习的机会——练习的方式需要更有针对性并有所依托。你可能需要帮他们用不同的方式关注新的学习内容，更仔细地观察他们，看看他们有什么错误观念或犯了哪些错误，或给他们提供量身定制的反馈来支持他们获得成功。简言之，你需要在他们跌倒之前抓住他们。在许多课堂，尤其是那些支持多层梯级教学体系的课堂上，这样的支持通常被称为第二层级补充教学，旨在增强第一层级（"最佳优先"）教学。具体而言，把一些学生分成小组，通过额外的集中学习周期来帮助他们回顾之前的学习阶段并采用以研究证据为依托的教学方法。

　　我们把这些集中的学习周期称为"针对性支持"，意即这些周期是暂时的，并关注特定的学生的学习需求（而不是把学生当成"第二层级小孩"——教育工作者有时会用这个令人不舒服的绰号）。总有少数一些学生在某个单元的学习中需要额外的支持，可能下一个单元他们就不需要这样的支持，这样的情况还挺常见。简言之，妥当施行的针对性支持不该是长久的，恰恰是因为它们帮助学生掌握了学习内容，所以之后就不需要了。

　　我们找出18项汇报显著效果的研究（提升指数为16到38），这些研究里头的干预把学得吃力的学生分成小组，给他们提供辅助练习的机会。尽管这些研究大部分关注小学生如何提升阅读和数学技能，但可以合理推测，给刚开始学习感到有点吃力的学生提供额外机会来掌握学习内容，这么做会对年龄比较大的学生以及其他科目的学习产生积极影响。

针对性支持的指导原则

以下针对性支持的指导原则是从上述研究提取出来的。

针对性支持能够缩小成绩差距。

这些研究的显著效果是值得注意的，因为在许多案例中，它们是从对学生的干预中得出的结论，这些接受干预的学生先前在阅读和数学方面被认为存在很大差距。在一些案例中，针对性支持帮助学生真正赶上学得很好的小伙伴。比如，科恩和同事比较两种层级教学的效果：一种是全班同学日常辅导词汇20分钟（第一层级教学），而另一种是把语言和学习有困难的种族多元化的幼儿园孩子分成小组辅导词汇30分钟（第二层级教学）。22周的干预之后，接受第二层级教学的学生比只接受第一层级教学的学生取得了显著的进步（提升指数=36）——受益如此之大，先前成绩不理想的学生在年级水平测试中都考取了理想成绩。

如科恩和同事观察的，干预的实际效果抵消了有害的"马太效应"，即比起能力较弱的读者，有能力的读者在词汇知识和阅读技能方面的进步要快得多。类似地，康纳和同事研究一个以软件为依托的干预措施的效果，这个干预追踪1年级学生词汇和阅读的学习进度，并为教师提供了个性化的教学指导，以提升学生的学业成绩。一整个学年期间，跟控制组的学生相比，实验组的学生证明在阅读技巧方面有显著的收获（提升指数=19）——相当于多学了两个月。甚至对于那些一开始阅读和词汇成绩低于第25百分位的学生有更好的效果（提升指数=22）——实际上，缩小了他们和先前成绩更好的小伙伴的学习差距。

形成性评估数据是针对性学习支持的关键。

当针对性支持和辅助练习针对学生的学习需求时，效果最好。此时，应使用形成性评估数据找出哪些学生需要支持，需要什么支持。在若干研究中，接受针对性支持的学生起初是根据他们先前的成绩认为他们需要干预（比如，英语学习者在语言水平测试中成绩低于第25百分位）。学生接受针对他们尚未掌握的技能（比如，音素意识、字母知识、认词、课文熟练度以及理解策略等）的补充针对性指导之后，取得了显著的学习进步（提升指数为16到36）。两项分开的研究发现，一项以软件为依托的干预措施在短期和长期都产生了显著效果，该干预措施追踪学生的词汇和阅读技能，并建议为学生个体提供有针对性的阅读指导（提升指数分别为19和17）。基本上，关键在于数据应该在最需要的地方辅助教学与学习，衡量学生在掌握知识方面的进展情况，并确认什么时候学生不再需要额外的支持。

通过训练有素的专业人士设计并实施的支持最有效。

在多项研究中，针对性支持一般由训练有素的专业人士提供，他们遵循妥当的教学原理来辅助学生的学习。福克斯、舒马曼和同事让学习吃力的4年级学生参加编排好的小组学习（3位学生和1位老师这样的比例），然后研究学习效果。这些课程意在加深学生对分数概念的理解，提高基础技能的熟练程度，并培养自我调节能力。小组辅导课程遵循一套结构化的教学与学习活动，其中包括借助数轴、圆圈和教具帮助学生理解数学概念、直接教学术词汇、策略教学与示范，以及通过间隔性提取练习让已学知识自动化。控制组的学生只接受大班教学，相比之下，实验组的学生（提升指数=24）明显表现更好。

类似地，奈尔森和同事发现给来自不同种族背景、低收入家庭的学生提供第二层级的词汇教学有显著的积极效果。具体操作如下：采用一个以语音为主的教学方案，包括直接教学生词汇融合和含义，快速阅读短文来增强解读技能，以及给学生提供"说一个句子"的练习机会来巩固对目标词汇的理解。与此同时，控制组的学生参加一个教学结构不太明显的第二层级词汇学习——一种改良版的互动式阅读，即老师在阅读之前用图卡向学生介绍新词，在阅读期间用开放性问题来拓展学生的词汇知识，并在阅读之后鼓励学生练习目标词汇。在一次学后测试中，针对词汇知识（提升指数=35）和词汇阅读技能（提升指数=25）进行考核，实验组的学生明显比控制组的学生表现得更好。

从这些研究中总结出一个关键点：有效的针对性支持不该是临时的或对已学内容松散随意的回顾，而应该是精心设计、针对学生需求的"迷你课程"，让他们集中学习。值得注意的是在多项研究中，有效的针对性支持都由训练有素的专业人士（比如，教师、干预人员或辅助专职人员）提供，他们明白学生需要学习什么、如何教这些内容。

针对性支持是辅助而非取代最佳的初始教学。

尽管许多研究表明针对性支持比全班教学效果更好，但这些研究也表明，即使做得再好的针对性支持，也不能弥补效果不好的课堂教学所带来的影响。对于初学者而言，我们范例中的许多干预措施是设计来辅助第一层级的教学。此外，第二层级的干预只有在支持第一层级教学的情况下才有效。例如，针对多语言背景和只讲英语的幼儿园孩子，老师用18周的时间开展强化式语音教学，研究发现，这样干预的整体效果不错（提升指数=30）。然而，对于在教学质量不高的课堂上上课的学生而言，老师的辅导对他们基本技能（比如，拼写）的提升起到了作用，但未能促进他们更高级技能（比如，阅读理解能力）的进步。与此同时，在教学质量高的课堂上，老师的辅导明显提升了学生的基本技能和高级技能。

针对性支持的课堂提示

总体而言，针对学生一开始学得吃力的内容提供额外机会让他们习得、梳理和练习，多项研究已经证明了这样做的益处。针对性支持并非简单地重复初始的学习体验（类似于阿尔伯特·爱因斯坦对疯狂的定义：一味做同样的事情却期待不同的结果）。针对性支持通常以不同的方式让学生更有意向和方法关注新的学习内容，从而做到"慢慢来，才能进步快"，比如使用教具发展学生对数学题概念方面的理解或对学术词汇做新的、个人的联结。针对性支持也包括给学生提供机会练习学习内容，通常在老师仔细的督导下练习，老师也给学生提供形成性反馈，帮助学生纠正错误和误解。考虑到这一点，就如何给你的学生提供有效的针对性支持和辅助练习的机会，我们给出以下提示。

确保第一层级的教学让学生得以掌握关键的知识和技能。

只有在一开始（第一层级）的教学中，学生没能掌握学习内容，这时才有必要提供针对性支持。换言之，第一层级的教学效果越好，需要额外支持的学生就越少。因此，当你准备每单元的教学时，仔细辨认你的学生必须掌握的基础性知识和技能。要清楚你的学生如何看待成功（设定那些成功的标准！），并确保你的教学计划给学生提供精心设计的机会关注新的学习，理解学习内容，并练习新的学习内容。毕竟，针对性支持对于你和你的学生而言都需要很多时间；你最初的教学目标应该尽可能帮助多一些的学生（理想地说，所有学生）第一次就理解学习内容，从而避免针对性支持的需求。

在独立练习期间定期检查，确保学生不会落伍。

当学生独立练习时，使用定期测试（比如，提取练习）、课堂观察以及练习任务来追踪每个学生掌握的进度。这让你很容易就发现哪些学生学习新的学习内容可能比较吃力。学习障碍若能及早诊断，往往容易解决，而如果诊断太晚，解决就更难一些。你不想等到单元测试之后才意识到学生学得吃力。相反，你想早点发现他们学起来吃力的地方，这样你就可以给他们提供一些往往简单且简短的针对性支持来帮他们重回正轨。

按迷你学习周期构建针对性支持。

最有效的针对性支持不是临时的或松散的复习时段；相反，它们是精心设计的学习机会，给学生提供集中重新学习的周期（见图5.1）。一般来说，你将重新教学生掌握得吃力的关键知识或技能，通过不同的方式解释概念或展示技能（比如，教学更可视化或分解教学）。例如，你可能使用教具或具体例子解释一个概念，或将一个流程分解成各个部分并有体系地示范过程的每个步骤。接下来，给学生机会重新尝试学习内容。当他们尝试的时候，密切观察他们，看看他们可能犯什么错或产生什么误解。然后给他们提供许多机会练习学习内容，并给他们提供形成性反馈来纠正他们的错误和错误观念。

给一些小组提供针对性支持的同时让其他学生做独立练习。

若干研究发现按小组（比如，3到5个学生）给学生提供针对性支持的积极效果；而一对一辅导学生，与辅导两名学生相比，收获好像没太多区别。简言之，分小组给学生提供辅助指导，这么操作起来比较舒服。这样，当你（或某位助教）正在做针对性支持的时候，其他学生应该做什么？独立练习。记住：所有学生从多种、间隔性、交错式练习机会中受益；当你给某些学生提供针对性支持的时候，其他学生可以关联先前的学习内容，包括他们之前可能已经学过但还没完全融入其长时记忆的知识与技能。

用数据来确定（以及祝贺）学生不再需要针对性支持。

　　如前所说，第二层级的小组不该是永久的，学生也不该被定义为"第二层级的孩子"。如果针对性支持设计得好，它们应该能帮学生跟上进度，这样他们就不再需要额外的辅助指导。当然，切实的唯一方法是继续追踪他们的进度，让学生也督导自己的进度，这样你（以及他们）就知道什么时候不再需要额外支持。当这种情况发生时，一定要祝贺学生的进步。这能让他们把额外的努力和成功联结起来，而且，这么做把积极的效果归功于自己的努力，这也强化了他们的成长型思维模式。

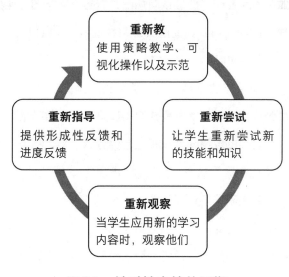

图5.1　针对性支持的周期

❖ 小结 ❖

帮助学生通过重复来巩固记忆

重复是记忆的关键，就像熟能生巧这句常用的格言。然而，学生如何进行练习才是记忆的关键所在。基本上说，比起学生练习的小时数，他们在这些时间做什么更重要——10年前我们在这本书的第二版做的元分析发现，练习的效果比作业好4倍。简言之，学生成功的关键从来不是靠作业的堆积，而是给学生精心设计的（比如间隔性和混合型）机会来练习他们学习的内容。

我们在本书前两个版本里将"作业和练习"列为有效教学的一个类别，现在我们在新的版本里删掉"作业"，更着重强调具体类型的练习。虽然我们做出这个改变，但并非是说作业是不好的、老师不该布置作业。相反，我们强调的点在于作业应该有意图并服务于某意图，比如给学生提供机会参加独立的、交错式、间隔式练习，或者（如我们将在第6章探索的）提供拓展和应用他们学习内容的机会。

也就是说，如果作业就是练习，那么给这样的任务打分的目的是什么？给作业打分可能传递的信息是练习不过是另一种敷衍的圈套，学生必须跳过去才能在老师的成绩簿里积累理想的分数。与之相反，我们想鼓励学生在他们的练习中深思熟虑，反思他们的进度，辨认他们表现的差距，并聚焦他们仍需要提高的知识和技能。

最后，值得再说一遍的是，练习新技能、让内容自动化并熟练掌握技能，这些都不是学习的终点。没错，死记硬背在学习中有其用武之地，帮助学生把基础技能和知识自动化，使得他们可以学更复杂的内容。因此，练习（即便是完美的练习）支持一种相当有限和肤浅的学习，这是有必要的，但不足以支撑深层次的学习。在下一章，我们将探讨如何帮学生拓展和应用他们在先前的5个学习阶段所学到的知识，进而开展更深层次、更持久且更有意义的学习。

Chapter Six ｜ 第6章

帮助学生拓展与应用
学习内容

把离散的概念和技能融入长时记忆（我们可以称之为"知识渊博"）是宝贵的，但这只是受教育的一部分。大多数人赞成我们学了之后怎么做更重要——不管是医生把他们的正规教育转化成诊断和治疗疾病所需的技能，水管工应用他们的技术培训修理漏水的水管，还是教师将他们所接受的正规教育和职业学习（还有像我们手头这样的书！）转化为对学生有效的学习体验。简言之，能够应用知识思考和解决真实世界的问题（我们可以称之为"实用技能"）是受教育的真正要义所在，尤其是在教育的目标并非仅仅是为了让学生能在酒吧里应付些琐碎的问答游戏，而是帮他们更好地理解世界，清楚自己要做什么，对自己和他人都有积极影响的情况下。

然而，倘若学生在学校只是在考试中复述学习内容，他们不太可能培养自己的"实用技能"。因此，我们将在这一章讨论，学生需要通过参加有挑战的写作练习、研究复杂的现象以及解决复杂的问题这样的机会来拓展与应用他们的学习内容。

🖎 研究表明

当学生通过挑战认知的任务来拓展和应用学习内容时，他们的大脑是如何运转的？让我们从这一点开始解说。

心智模式是深层次学习的关键

多年前，研究人员发现一个关于记忆形成的有趣原则，他们观察到象棋大师能够快速记住棋盘上每颗棋子的位置——然而当棋子随机摆放，而不是根据某场棋局，突然间，大师并不比新手更擅长记忆棋盘上棋子的位置。研究表明，大师并没有过目不忘的记忆，而是久经磨炼能够看出棋子移动的模式——这个技能是从成百上千场棋局中培养出来的。简言之，这些象棋大师形成某种心智模式或图式，帮助他们轻而易举地把棋子的排列转换成一个逻辑的模式。建好模式之后，他们就能快速记住。

这个领域的开创性工作发现心智模式实际上是区分专家和新手的一个点。当专家遇见一个新奇的问题时，他们使用自己的心智模式（或实用技能）（1）给问题归类，（2）在大脑中构建这个问题，（3）寻找解决问题的妥当策略，（4）提取并应用这些策略，（5）评估他们解决问题的策略，（6）如果没能马上找到解决方案，重复1到4的步骤，（7）储存他们的经验备用。最终，专家的心智模式反映了陈述性知识（知道他们正在解决什么样的问题或看到什么现象）和程序性知识（知道如何解决问题或梳理信息）的高端融合。

相反，新手解决复杂问题时感到吃力，这是因为他们还没充分形成心智模式。比如，当布兰德-格鲁维尔和同事追踪一年级大学生做调研并写一篇400字作文的情况时，他们观察到新生倾向于一头扎进任务中，却只是在浪费时间反复琢磨那些无关紧要的信息。而博士生则花更多时间估量问题并对问题分类，因此查找信息时不会漫无目的。或许最重要的是研究生更清楚地把握写作过程，不断问自己诸如以下的问题："这是我需要的信息吗？我仍在回答我的问题吗？我还剩下多少时间？"好消息是所有专家曾经都是新手；你的学生也是新手，有待成为专家。给学生提供精心设计的机会来解决问题、观察复杂的现象，你可以帮他们发展并完善自己的心智模式，从而积累专业知识。

让思考可视化有助于发展和完善心智模式

让学生分享和解说自己的想法可以帮助他们发展和完善心智模式。若干年前，英国研究人员戴安·贝里开展一项实验，让学生在3种条件下参加逻辑猜谜：第一组学生猜谜时大声解说他们的推理，第二组学生猜谜之后解说，第三组学生安静地猜谜。起初，3个小组对谜语都很有把握，正确解答超过90%的谜语。过后又给他们做了一个测试，看看他们能否应用所猜谜语的内在逻辑来解决类似的新谜语，这时只有对猜谜进行解说的小组成功了。猜谜时没有大声说出自己推理的学生，不能举一反三，猜出同样逻辑的新谜语。为了让学生真正理解他们正在学习的逻辑、模式或原则，他们需要让自己的思考可视化（自己看见或他人看见）——并且口头或书面解释为何某些事情是这样运作的。

批判性思维技能要求相关知识储备和直接教学

批判性思维技能通常被认为是学生需要发展的关键能力，然而人们常常没能很好地定义这些技能。批判性思维一般被定义为若干特征和技能的综合，包括重视求知欲和聆听他人的视角、应用逻辑推理来发展和辩护论点、审视自己的信念并根据新信息更新想法。然而，如同认知科学家丹尼尔所说，批判性思维并不是在某一学科领域学到之后就能简单地迁移到其他学科领域的。相反，学生必须学习和应用，例如，学习科学知识的科学思维、文学作品的文本分析、社会研究科目中的历史思维以及数学中的定量推理等。

再者，根据批判性思维项目研究的元分析，批判性思维不是通过耳濡目染发展而成。仅仅让学生接触文学、科学、历史或代数对于批判性思维的发展只是杯水车薪——相反，必须教他们这些思维技能，并让他们有机会训练。在马林和哈尔佩恩的一项研究中，他们把100名学生随机分成3个小组，然后比较学生在每个小组的表现：

- 老师直接教第一组学生批判性思维——学习如何发展论点、解析相关的因果关系、辨认刻板印象，并预测决策的长期结果。
- 第二组学生参加一个心理学入门工作坊，课程里融入批判性思维。
- 控制组学生接受了常规课程学习。

3周后重新测试他们的批判性思维能力，只有老师直接教学的小组在批判性思维发展方面有收获。

挑战认知的写作任务有助于培养批判性思维

尽管写作和批判性思维似乎紧密关联，但研究表明写作本身常常无法发展批判性思维，对年纪小一些的学生尤其如此，而且如果写作任务没能给学生带来挑战、引发高水准的思考，批判性思维也难以发展。奎塔达摩和库尔茨随机分配生物专业的大学生每周写一篇分析性文章或测试自己已学的内容，结果发现写作小组的学生的批判性思维平均水平从45%提升到

53%，而非写作小组的学生从42%下降到40%。然而分析数据时，研究人员发现从写作练习中最受益的学生原本就具备较强的批判性思维能力，这表明写作练习能够增强但不一定培养批判性思维能力。再强调一次，学生要培养批判性思维能力，需要直接教他们这些技能。

学习过程中的提问提升长时记忆

思考、回答高水准的问题有助于提升长时记忆。普雷斯利和同事发现，与只是读句子（比如，"一个饥饿的男子上了车准备去餐厅"）的学生对比，如果让大学生读完句子后进行解说，他们更可能记住句子（比如，"那个饥饿的男子为何上车？"）。认知科学家从这项研究以及其他研究中得出的结论是，"为什么"这样的问题（有时称之为"精细提问"）能够把新的学习和先前的学习联结起来，进而巩固学习内容，即创建并完成心智模式。

例如，如果让你准确解释为何暖气体会上升，这时想想你的大脑里发生什么。你可能在思考："我知道暖气体会膨胀，变得不那么黏稠，就像空气没有水那么黏稠。因此，也许这就像一杯水上面冒气泡。"简言之，思考这样的问题鼓励你把新学到的知识与现有的心智模式相结合，反过来帮助你的大脑将新学到的知识"储存"到心智模式中。结果就是你不仅有一两个提取知识的方式，你现在有若干个提取方式，更方便你的大脑日后提取已学的内容。

许多早期研究都表明，让不同年龄和能力水平的学生参与探究式学习有助于理解各个知识领域的内容。虽然如此，研究也清楚表明，探究式学习是拓展而不是取代关键想法和概念的直接教学，这样才能达到最好的效果。

在老师指导下精心设计的探究及解决问题策略最有效

澳大利亚研究者约翰·斯维尔在20世纪80年代通过一系列研究得出结论：只是让学生尝试解决复杂的问题（比如，"一辆从静止状态开始、以每秒2米的加速度沿直线匀速加速行驶的汽车，其平均速度为每秒17米。那么它行驶了多远的距离呢？"）却没有老师的指导或辅助，这对于培养学生解决问题的技能没什么帮助。初学者必须在弄清如何解决问题和实际解决问题之间来回摸索。即便他们通过（不断的）努力的确得出正确答案，他们也不太可能形成心智模式来解决将来类似的问题。

跟随这些线索，我们对164项研究进行元分析来比较通俗易懂的教学和没有太多指导的探究式学习（比如，让学生参加实验、研究或解决问题，但老师不怎么指导）的学习效果，结果发现老师直接教导的学生比参加没得到任何帮助的探究式学习的学生明显收获更多。值得注意的是，对于成绩较差和年龄较小的学生而言，缺乏老师指导的学习效果尤其不好。初学者常常没有正确地学习新技能，而且还会产生错误观念。再者，他们对探究式学习容易感到沮丧，因为这种类型的学习要求他们在尝试如何解决问题和实际解决问题之间来回切换，因此对他们而言认知负担太重。

这里的意思不是说直接教学是好的，而探究式学习不好。相反，这两项策略结合起来效果最佳（因此，你能在这本书里找到这两种策略）。阿尔菲耶里和同事在对探究式学习的元分析中发现最好的途径——甚至比直接教学还好——是"引导型探索"。在探索过程中，让学生定好学习目标、直接教他们学习内容、展示答题范例并给出反馈，因此确保学生发展理解力和妥当的技能。在本章余下的部分，我们将探索3项以研究证据为依托的教学策略，这些策略能够在以学生为主导和有老师支持的学习两者之间保持平衡，从而帮助学生拓展和应用所学知识。

策略12
认知写作

认知写作让学生参加拓展的写作任务，并通过对新知识的高水准处理来提升理解力。

大多数人直到看见写出来的文字才知道自己思考的内容。这是因为把我们的想法写成句子需要在大脑中组织这些想法。因此，我们看到范例中的若干研究指出让学生参加认知有挑战的写作任务能够帮他们梳理学习内容。这样的任务要求学生解释过程和现象、分析和评估论据、发展原创想法并通过论据支撑他们的论点。简言之，写作不该局限在语言艺术课程中；它是各个学科深层次学习的有力工具。写作让学生思考他们正在学习的内容，让他们对概念的认知更敏锐，并帮助学生把个人经历和学习内容关联起来。再者，认知写作不仅是把一些词写在纸上，它还包括构思并在学生大脑中巩固持久的理解力。我们找出7项关于干预的实证研究，这些研究证明让众多学生（包括不同种族背景、多种语言背景以及低收入家庭的学生）参加多门学科的认知写作练习有显著的效果（提升指数为14—49）。

认知写作的指导原则
认知写作为学生构建机会思考学习。

在多项研究中，那些对学生产生积极影响的写作干预措施都是经过精心设计的，旨在通过写作来鼓励学生进行思考。例如，柯林斯和同事发现一个为期数年的写作干预有显著效果；这个干预让多种族背景、低收入家庭的小学生使用"思考学习单",即5到7页的指南帮助学生从文本中提取想法(比如,"为何让狗拉雪橇大赛的参赛人员隔开两分钟开始比赛比较好?")。干预也包括使用图表组织想法(比如,"选一些证据和结论,写在T表上")。还有一些提示鼓励学生对学习进行认知梳理(比如,关联想法、对比概念、写出论点并为此论证),学生对此回应。两年后,实验组的学生证明在阅读理解方面明显比控制组的学生有更大收获(提升指数=19);控制组的学生,虽然读同样的文本,但没有拓展写作这样的练习,所以收获不及实验组的学生。

认知写作练习直接指导批判性思维策略。

不要以为批判性思维技能可以通过写作自动培养出来,有效的认知写作干预直接指导思考策略。在课堂上针对多种族背景、低收入家庭、多语言背景的学生做一系列相关的实验证明了显著的积极效果(提升指数为14—25)。老师教学生一个对阅读和写作都很重要的思考策略"工具箱",包括设定目标、应用已学知识、做预测、辨认主要思想、视觉化、仔细阅读文本、阅读时把想法说出来、修改自己的想法以及自我评估学习进度。研究表明,批判性思维技能不是通过潜移默化发展起来的。遵循这样的研究,以上提及的干预措施表明写作练习能够培养学生的思考技能,因为它们不仅要求学生深层次思考自己的学习,同时老师也直接教学生基本的思考技能。

认知写作练习应该帮助学生拓展和应用已学的内容。

在我们样本的7项研究中,有效的认知写作干预明显都是设计来帮助学生拓展和应用所学内容。例如,董贝克和同事发现某个提升小学科学和社会科学课程知识的教学项目有积极的效果;参加这个项目的小学生来自多种族背景的学校,周围都是低收入家庭。项目让学生按以下次序学习:

- 1天的概念课程（把学习和学生的生活联结起来提示认知兴趣）

- 3到4天的阐释性课程（比如，关于科学和社会研究学科的阅读）

- 3到4天的研究课程（比如，开展科学实验或使用诸如照片、日记和信件等原始资料学习社会研究课程）

- 3到4天的应用课程（比如，通过有挑战的学习任务做知识联结，包括拓展写作任务）

控制组的学生参加的是传统课程教学，即在1到2小时的"语言学习"中只是单纯教学生识字；相比而言，实验组的学生在社会研究课（提升指数=49）和科学课（提升指数=48）上都有显著的进步。这些发现有力地表明，精心设计且有认知挑战性的写作练习有助于来自不同背景的学生构建对已学内容的概念性理解，同时也培养他们的读写能力。

认知写作的课堂提示

研究表明，写作练习能够挑战学生更深层次地思考学习内容（比较、对比、评估、分析以及综合），同时老师也要直接教学生深层次思考和有效写作需要的思考工具和策略，这么做有助于学生拓展和应用他们的学习内容。

从你想让学生思考的内容开始。

我们先前提及学生只有思考学习内容才能真正学到。认知写作的关键是确保学生有机会思考他们正在学习的内容。因此，当你为学生设计写作练习时，从你想让他们思考的内容开始——永恒的领悟、核心概念以及宏大思想。接着，提供写作提示让他们进行高水准的思考（比较、分析、评估、综合；见表6.1的一些例子）。

表6.1　让学生参加高水准思考的写作范例提示

高水准的思考	提示
比较	古罗马统治下的和平和美式和平有何相似之处？ 《阳光下的葡萄干》里头沃尔特和妈妈的动机是什么？他们的动机相似还是有所不同？ 我们读了《小红帽》的3个版本。每个版本的人物有哪些异同点？他们的行动如何给你提供故事背景的线索？
分析	作者在《最危险的游戏》中是怎么营造紧张氛围的？ 是什么遗传适应让鲨鱼变成"自然界完美的捕食者"？ 你学了3种方法解答乘法题。你用得最多的是哪个策略，为什么？另外两种策略你会选哪一种来答题？
评估	电影《公民凯恩》配得上"史上最了不起的电影之一"这样的称号吗？ 政党促进还是妨碍民主？ 大家提议的学校花园地点，哪个具有最佳生长条件？
综合	根据我们先前的阅读，应该禁止非本土物种进口吗？ 根据我们先前的阅读，年轻人应该接触社交媒体吗？ 根据我们这个单元的阅读，哪些发明对我们的生活影响最大？

直接教授与示范思考技能。

　　单纯写作本身对学生的学习和思考技能的发展没多少帮助。最好的情况是写作练习让学生有机会训练——但没有真正培养——批判性思维技能。为了帮助学生真正投入到认知写作中，要教给他们完成这项任务所必需的思维技能。跟其他技能一样，直接教学生这些技能并做示范，向他们展示作者（以及思考者）如何有效地应用这些技能。表6.2列出一些关键技能以及每项技能如何使用的描述。

表6.2 在认知写作中使用的思考技能

思考技能	如何培养
理解任务	在埋头开始写作之前，经验丰富的作者会仔细阅读提示并提出一些问题确保自己理解手头的写作任务。
设定目标	优秀的作者为他们的写作设定掌握型目标（比如，我想使用相关数据说服我的读者学校早上应该晚点上课）。
思考已学知识	收集证据的同时，经验丰富的作者思考自己已学的知识，以及他们正在学的知识如何支持、修改已学知识或跟已学知识产生冲突。
提取并表达关键思想	经验丰富的作者从某个来源中提取关键的想法，并用自己的话重新表述（比如，你如何向你的朋友或家人解释这个概念？）。
发展并回顾某个主要思想	优秀的作者会确立某个核心观点、主要论点或者中心论点，然后定期回顾他们的想法，需要时修改这些想法。
展示而不是告知	经验丰富的作者用具体的例子和细节论证他们的论点，向读者"展示"他们正在讲述的内容。
思考并回应反方观点	完成初稿之后，优秀的作者重读他们的稿件，预测他人如何回应自己的论点，并提出新的论点或证据来强化他们的论点。
自我督导以及自我评估学习进度	优秀的作者继续问自己："我没跑题吧？这个证据重要吗？我有没有实现自己的目标？"
修改自己的想法	优秀的作者是灵活的思考者，当他们遇见新的证据或产生更好的想法时，能够重新审视自己的稿件、弄清自己的想法。

开发工具和指南来构建认知写作。

除了直接教学生思考技能之外，给学生提供视觉工具和指导是有益处的，这能帮助他们思考自己的学习、组织自己的想法并把想法付诸纸上。图6.1的例子反映了柯林斯和同事采用的"思考学习单"高效地帮助不同学习者取得成功。

为所有认知写作任务制定并提供评分标准。

　　评分标准是强有力的课堂工具——因为它们不仅帮助老师更客观地评估学生的作业，而且让学生清楚自己对学习的期待。对于所有主要的写作任务，都给学生评分标准，以便多维度明确学习预期：提出和分享最初的想法、通过证据和例子支持论点、书写清楚、通过编辑避免拼写错误和语法错误。表6.3是提升成长型思维的写作评分标准的例子，这样的评分标准避开诸如"不充分"或"写得不好"的标签，而是采用诸如"还能改进"和"显露的问题"这样的促进成长型思维模式的表述方式。

关键的思考策略：_____

（比如，比较、分析、综合）

指导

当你读这个文本时，密切注意_____。

指导性问题

你为何认为_____? 为何_____应该发生？

组织你的想法和写作

列出关键的论点和论据

列出关键的想法和例子

图6.1　基于6个学习阶段模型的指导性探究活动

让学生分享并修改自己的写作。

　　若干有效的认知写作干预融入在同伴协助下巩固学习内容策略——

经常以作家工作坊的形式开展。结果是当学生意识到他们的同伴（不仅是他们的老师）将会读自己的作品时，他们经常变得更有动力，更愿意投入时间和努力到他们的写作中来。这帮助他们产生更有说服力的想法，为这些想法辩护，并写得更清楚。让学生跟同伴分享自己的写作成果，读别人的作品，并接受对自己作品的反馈，这能够促进他们对学习内容进行更深入的思考，并提升写作水平——尤其当你提供一个评分标准来支持同伴反馈、自我反思、修改以及编辑文章时。

表6.3 培养成长型思维模式的写作评分标准

标准	显露的问题	还能改进	符合期待	范文
想法和支持观点的具体细节	中心思想缺失或模糊，支持观点的具体细节少	写出了中心思想，但论证得不够充分（陈述观点多于具体论证）	阐明中心思想并有细节支持（具体论证而不仅仅陈述观点）	中心思想反映独创的想法，并很好地用具体细节论证。
组织和过渡	文章构建的结构不好理解；没怎么用过渡词	篇章结构基本上清晰且符合逻辑，但过渡词的使用不太一致	篇章结构一致且有逻辑；过渡词能够保持一致来引导读者	篇章结构清晰且有逻辑，用各种鲜明的过渡词引导读者
语态和措辞	没几个强动词，精准语言或关键词汇很少用	强动词和精准语言或词汇的使用有些不一致	连贯使用强动词以及精准的语言或词汇	措辞很不错，从而塑造出一种强大的、引人入胜的表达风格
规则和拼写	明显有许多语法或校对错误，影响了对文章的理解	有一些语法和校对错误，可能会干扰读者对文章的理解	终稿反映了一些语法或校对错误，但不会影响理解	终稿的语法和校对错误几乎没有

策略 13
指导性探究活动

指导性探究活动让学生参与实验、基于探究的学习以及需要高度认知投入的研究项目。

课堂学习的传统方式没能长久吸引多数学生；他们一般在 30 天内忘了 90% 的内容。这是因为学生除了重温所学内容之外，通过多种方式和情境来复习并提取这些内容的机会不多。指导性探究活动让学生探索引人入胜的问题，观察真实世界的现象，分析数据和论据，并汇报他们的发现。这样的机会能够以两种强有力的方式促进长时记忆的形成。首先，它们开发学生天然的好奇心，让学习变得更欢乐。其次，它们也让学生有机会用更丰富多彩的方式复习和提取他们学习的内容。

本书前两个版本提到过一类策略，称为"提出与验证假设"，这包括若干教学策略，比如系统分析、问题解决、实验探究以及调查。在过去十几年，许多新的实证研究拓展并进一步阐明这一类有效的教学实践，促使我们强调项目式学习的两种相关但又相互独立的方法：指导性探究活动和结构化问题解决。指导性探究活动让学生审视核心问题，调查有趣的现象，主要涉及自然科学和社会科学领域，一般按下面学习活动的顺序开展：

1. 用高度有趣的文本构建学生的知识基础。

2. 设计实验和调研来测试假设和推断。

3. 通过仔细观察和阅读，收集数据和论据。

4. 使用论据支持发现和结论。

我们从以往的研究中找出8项有显著积极效果的实证研究（提升指数为10—49）。这些研究使用指导性探究活动辅助学生学习科学、社会科学以及（在某些情况下）阅读。研究展现的积极效果在各种学生群体中都能看到，包括家境贫困的学生、双语背景的学生以及有学习障碍的学生。

指导性探究活动的指导原则

以下指导性探究活动的原则是从上述这些研究中提取的。

深入思考学习有助于学生将新的学习内容编码进长时记忆中。

跟认知写作一样，指导性探究活动的主要目的不是单纯让学生做一些跟他们学习相关的事情，而是让他们做一些相关事情的时候，有机会深入思考自己的学习。这能让新学到的知识在他们的长时记忆中得到更丰富、更深入的留存。通常，让学生思考自己学习的最佳方式之一，就是鼓励他们反复审视他们对科学现象、社会议题以及历史事件的先入为主的观念（心智模式）。比如，一门基于探究式学习的中学科学课程向具有多元文化背景和不同种族背景的中学生介绍了一些与他们先前形成的心智模式相悖的概念和现象。通过精心设计的学习活动，学生对矛盾的观点进行探究，反思自己的想法并思考如何改变自己的想法，和他人讨论自己的观点和观察，参加"思考与写作"练习，这些练习引导他们解读数据并分享自己不断发展的思考过程。学生们因此在科学课程的学习中取得了显著的进步（提升指数=10）。

学生的自我引导应该和老师指导下的学习达成平衡。

几十年的研究表明，如果对学生的指导太少，学生受益有限，而且这种学习方式可能尤其不利于成绩不理想的学生。关键是学生的自我引导和老师的指导保持平衡。化学应用课程反映了学生自我引导和老师指导之间的平衡，它让学生参加独立学习活动。老师提出问题引导学生提问，鼓励他们思考已学知识，考虑关键的问题（比如，"跟你的预测相比，物质重量的实际变化出现什么情况？"），设计一个计划来测试预测、收集数据、组织和解读数据。

　　洛奇和同事测试讲课与动手实验这两种学习方式哪种效果更好。具体而言，他们比较了针对4年级学生科学课的3种不同教学方式：（1）课堂讲座；（2）动手实验；（3）两者结合。结果是在讲课和实验结合小组的学生比只听课堂讲座的小组学生（提升指数=12）和只在实验小组的学生（提升指数=27）表现得更好。值得注意的是，尽管来自优秀学校的学生在上述3种教学方式中都有收获，然而来自非常贫困、成绩不理想的学校的学生，将他们安排在只做实验的小组，学生在学习上没什么收获。这证实了早期的研究发现，即给学生的指导太少，可能对那些学习成绩不理想的学生没有益处。关于直接教学和探索式学习一直有对立的观点，教育工作者可能会想："我应该采用直接教学还是探索式学习呢？"研究认为答案肯定是两种方式都有效果，尤其是两者一起使用的时候。一场精彩又有互动的讲座或技能的展示可以非常有效地给学生介绍新的想法和技能，帮他们关注新的学习。与此同时，指导性探究活动能够帮助学生拓展和应用他们已经学过的内容，这样他们可以把所学内容更深刻地融入自己的长时记忆中。

动手实践和真实世界的学习体验让学生更深入学习。

　　加斯里和同事开展了一项"自然实验"，实验让98位小学生学习同样的科学内容、阅读同样的课文以及接受同等的科学教学，这当中只有一项关键的差别，之后比较学生的学习效果。在两个班级里，老师通过亲手实践的学习活动和观察、提出更多的科学问题以及鼓励学生提出并检验更多的设想等方式，激发学生浓厚的学习兴趣。尽管学生之前的学习成绩或人口统计学特征方面（所有在校生都来自贫困家庭）没有差别，但仅仅12周之后，在兴趣得到高度激发的班级，学生在阅读理解能力方面明显比在兴趣激发比较少的班级表现得更好（提升指数=26）。

指导性探究活动，尤其是让学生参加跟课文和课堂教学相关的学习实践，对学生的动力和成绩也有积极的效果。弗里德曼和同事发现操场物理项目提升中学生的科学学习效果（提升指数=15）。这个项目给学生安排了一系列构建好的课程，并提供了一个软件应用程序为每个参加操场活动的学生录像，学生们通过旨在展示运动的科学原理的"镜头"来观看这些画面。其他有效的干预包括让学生参与对猫头鹰粪球的解剖来更好地理解生态（提升指数=26），调整斜坡的斜度和表面来理解运动的物理原理（提升指数=27）。值得注意的是，在所有情况下，亲手实践的活动不仅仅是转移学习注意力的"乐子"，而是有意设计来帮助学生拓展和应用所学知识。

认知写作练习有助于确保指导性探究活动支持深层次学习。

指导性探究活动也可以包括旨在帮助学生巩固和加深他们学习的认知写作练习。这里有一些例子：奥古斯特和同事研究一个称为"优质英语和科学教学"（QuEst）的项目，这个项目整合了以研究证据为依托的教学策略，包括认知兴趣线索、词汇的直接教学、在同伴协助下巩固学习内容、亲手实践的实验以及写作任务。董贝克和同事发现一个构建好的学习次序能够提升学生在科学和社会研究方面的知识水平，这些次序包括3到4天的科学实验或在社会研究中使用一手资料，紧接着3到4天的认知写作练习。类似地，一种引导式探究课程对不同背景的中学生（包括许多有学习障碍的学生）的科学学习都有所促进。课程把科学实验和"思考与写作"练习结合起来，这些写作练习是设计来帮助学生解读数据和他们做实验的结果。最后，一个将阅读与写作融入科学教学的综合性单元将亲手实践的探索活动与频繁的阅读和写作练习相结合，这些对于提高社会经济地位较低的学生的科学知识水平展现出了积极效果。

指导性探究活动的课堂提示

亲手实践的学习体验让学生探索、深层次思考并巩固持久的理解力。这里的一些提示帮助你指导学生，让他们参加指导性探究活动来拓展和应用自己的学习。

从学生应该思考什么以及他们需要看到什么来相信并理解所学的内容开始。

如同认知写作，把指导性探究活动定位在你想让学生发展持久的理解力，这一点很重要。他们会有什么发现？他们会有什么"灵光一现"的时刻？他们会有什么新洞见？俗话说，眼见为实。思考哪些发现和洞见学生可能需要亲眼所见（通过探究活动或实验）来相信或理解所学的内容。比如，学生可能不太相信重的物体和轻的物体以同样的速度掉下来，直到他们亲眼看到这个场景。同理，他们可能不理解阳光、土壤和水对植物生长产生的影响有何不同，直到自己观察了这些现象。

明确哪些知识和技能应当直接教学生，哪些应当让学生自己探索发现。

我们提及让学生做探索式学习而老师不怎么指导，这样的学习效果不好。相反，指导型探索，即把老师的教导和学生的探索融合起来，这样的学习效果非常好。当你设计某个指导性探究活动时，思考以下问题：

- 学生需要什么知识或技能（比如，观察、预测、分类、分析）来开展探究活动？

- 他们需要理解哪些关键概念和词汇（比如，滴定、催化剂和反应）才能开展探究活动或解读发现？

- 你想让学生自己先发现概念，过后再听老师对概念的解释吗？

确保学生再次思考关键概念、核心想法以及持久的见解。

学生（和老师）全身心投入探究活动的时候容易忘了探究的目的——对自然现象、社会议题或历史事件形成深层次的理解。简言之，探究可能变成光顾着做而没怎么思考。考虑到学生从思考中学习，确保把探究定位在给学生机会思考和反思他们通过课堂讨论及写作练习所学的内容，最终与学习目标关联。

使用学习模型设计你的探究活动。

实践证明，一个精心设计、有老师指导的探究活动应该反映学习的6个阶段。表6.4描述如何构建指导性探究活动来涵盖学习的6个阶段。

表6.4　以学习模型的6个阶段为依托的指导性探究活动

产生兴趣	投入学习	聚焦新知	理解学习内容	练习与反思	拓展与应用
复习已学知识。 通过一个激发好奇、驱动思考的问题来提示认知兴趣。	给学生提供WIIFM。 让学生参加学习目标的设定。	直接教学生关键词汇。 使用策略教学与示范帮助学生掌握关键的流程。	让学生分成小组开展实验或探究。 促进学生观察、收集以及分析数据。	组织小组和全班学生回顾来自探究活动的关键想法。	让学生有机会思考、写作并分享来自探究活动的关键思想和洞见。 让全班同学讨论来自探究活动的关键想法和洞见。

策略14
结构化问题解决

结构化问题解决方法通过逐步教学生理解和应用知识及技能来解答复杂的、真实生活的问题，从而发展心理图式。

研究指出另外一种帮助学生拓展和应用学习的策略，这个策略已被证明有积极效果，尤其在数学和定量推理技能方面，那就是结构化问题解决策略。不像开放式的认知写作或指导性探究活动，结构化问题解决一般让学生为某个复杂问题或某组问题寻找答案。然而，寻找答案的过程和答案本身一样重要。在许多案例中，结构化问题解决的一个关键元素是明确关注如何帮助学生发展心理图式——学生有能力认出正在解决的问题类型，即使问题的某些特殊元素发生变化也能举一反三。实际上，支持这一策略的许多研究称之为"基于图式"或"图式拓展"的教学。

我们样本中的12项科学研究报告称，结构化问题解决方法对于各种学生群体，包括种族多元化的学生、贫困生、初涉双语学习的学生以及有学习障碍的学生都有显著的积极效果（提升指数为16—48）。尽管这些干预多数关注的是数学学习，但也有一项研究指出，结构化问题解决方法在社会研究课程上有积极效果。

结构化问题解决的指导原则

以下结构化问题解决的指导原则是从上述研究中提取出来的。

把学习定位在解决真实问题上可以提升学生的动力和解决问题的技能。

我们都熟悉那种在现实世界中根本无须解决的数学应用题，比如那种老套的"一列火车早上8点离开圣路易斯，另一辆9点离开芝加哥。它们何时会遇见？"（答案：谁在乎呢？）结构化问题解决不是简单地让学生解决没有意义的数学应用题。相反，它激发学生去解决有趣的问题，这些问题与现实世界中的挑战紧密相连，并且与他们自身相关联。伯特格和同事证明"强化锚定式教学"的积极效果，即用学生尝试解决复杂的、真实世界的问题的视频引起学生的兴趣（比如，计算构建一个滑坡坡道所需木材和材料的成本和销售税，设计有合适高度和斜坡的坡道以使模型车可以在上面表演环形和其他形式的行驶）。解决问题的活动最终以亲手实践结尾——学生建造斜坡来测试他们的计算。与传统课堂的教学相比，强化锚定式教学对于先前没学好的学生而言有显著的益处（提升指数为26—38）。

学生解决问题时需要老师的直接教导。

多种研究指出，直接教学生辨别他们正在解决问题的类型，提取已学知识来解决问题，使用策略的同时反思这些策略，所有这些都体现直接教学的力量。例如，福克斯和同事审视基于模式迁移教学（SBTI）的效果，这个活动让300多名3年级学生解答复杂的、现实世界中的数学题。第一实验组的学生接受明确的教导，辨认他们正在解决的问题类型以及需要什么策略来解决这些问题。第二实验组的学生接受一个拓展版的SBTI，让他们接触更复杂的、真实世界的问题，这些问题有更多表层的细节，目的是帮助学生培养辨认问题的潜在模式的能力。16周后，在拓展型SBTI小组的学生明显比SBTI小组的学生表现更好（提升指数=36），而SBTI小组的学生都比接受传统教学的控制组学生表现更好（提升指数=30）。学生明显从老师的直接教导中受益：如何分析问题表面的细节，从而识别不同问题类型之间潜在的相似性；这反过来帮助他们形成并拓展解决问题时所依据的思维模式。简单的记忆技巧能够帮助学生记住解题过程，比如RUN（读题、划关键词、说出问题类型）以及FOPS（找出问题、使用图表整理信息、规划解题步骤、解决问题）。

把想法说出来和学生的自我解说能够促进结构化问题解决过程。

　　心智模式是一种强有力的自我对话模式，作为学生头脑中的一个声音指导他们解决问题（比如，"这是一个什么类型的问题？""我之前解决过类似的问题吗？""我需要采用什么策略？"）。许多学生，尤其那些刚开始解决复杂问题时感到费劲的学生，尚未在他们的大脑中充分发展这个声音。把想法说出来以及自我解说似乎有助于他们形成这个声音。例如，吉特内德拉和同事证明了鼓励学生在应用FOPS策略的同时把想法说出来（比如，"我是否读了这个问题后又复述，以便弄清楚给出的是什么内容以及需要解决的是什么问题？"）会产生积极效果。老师按课本内容教一个控制组的学生关于比率和比例的知识，教学内容也包括讲解例题来辅助解题。在测试学生问题解决能力的即时测试和延迟测试中，把想法说出来的实验组的学生表现明显更好（提升指数分别是17和21）。

直接的词汇教学提升结构化解决问题的效果。

　　我们之前说过词汇是承载我们想法的载体，研究发现把词汇教学融入结构化问题解决的积极效果，这一点不足为奇。比如，福克斯和同事发现比起传统教学方式，把学术词汇（比如，"更多""更少""成本""因为"）的直接教学嵌入基于模式的教学（SBI），相较于单纯的基于模式的学习（SBI），对学生的学习效果有显著提升（提升指数=36），当然比常规教学的效果也要好得多（提升指数=46）。类似地，沃恩和同事评估一项教学活动的益处，即让8年级学生（包括许多处于语言发展初期阶段的双语学生）参加小组解决问题的活动（比如，回答诸如"各个殖民地如何体现不

同的发展？"或者"本来可能发生什么事情阻止美国独立战争？"的问题）
之前，先教他们基本的词汇。这些学生比接受传统教学的控制组学生在知
识测试（提升指数=16）和阅读理解（提升指数=8）方面的成绩都有更大
的提升。

帮助学生认出问题结构可以缩小学习差距。

　　结构化问题解决对先前学得不太好的学生尤其有益。学习数学存在困
难的主要原因是，尤其是当学生解决复杂问题时，学生没能认出问题类
型、区分相关信息与无关信息，并应用先前的学习内容来解决问题。辛
和同事比较两种解决问题的教学方法——SBI和常规的教学策略——对
有学习障碍或数学基础较差的中学生解决数学应用题的能力所产生的影
响。老师教所有学生一个四步流程来解决数学应用题：（1）通过读题理
解；（2）形成一个计划；（3）解题；（4）回顾。不过，实验组的学生还接
受了明确的指导，即辨认问题类型以及用图表呈现问题。在即时测试、延
迟测试以及迁移测试中，实验组明显比控制组表现得更好（提升指数分别
是45、49、50）。这些结果表明，直接教学生辨认问题类型并给他们一些
视觉辅助工具来引导他们完成整个解决问题的过程，这时结构化问题解决
方法对于先前成绩不佳的学生而言尤其有益。

有效的结构化问题解决任务融入其他被证明过的教学策略。

　　总的来说，研究表明，结构化问题解决不是一个单一的策略，而是许
多经过验证的策略的融合，包括以下内容：

- 认知兴趣线索——使用视频和真实世界的问题提升学生在解决复
  杂问题方面的兴趣和动力。
- 学生设定目标——帮助学生形成自我调节的学习策略来解决复杂的
  问题，包括运用目标设定和积极的自我对话来保持专注任务的状态。

- 可视化教学——给学生提供数学问题的多种呈现形式，并在解决问题之前通过可视化形式展示问题。

- 直接教学与示范——提供明确的直接教学以帮助学生形成解决复杂问题的心理图式。

- 学术词汇教学——在学生解决复杂问题之前，构建学生对关键学术词汇和具体学科词汇的知识。

- 在同伴协助下巩固学习内容——让学生形成小组一起解决复杂的问题。

- 高水准提问和学生解说——提出高水准问题并鼓励学生把想法说出来，以此督导学生解决问题。

简言之，结构化问题解决不是单一的策略，而是一个伞状途径，它融合先前提及的5个学习阶段（产生兴趣、投入学习、聚焦新知、理解学习内容以及练习与反思）的教学策略。结构化问题解决是在学生充分参加前面5个学习阶段之后拓展和应用自己所学的知识。

结构化问题解决的课堂提示

总之，这些研究表明，在学生解决复杂的、真实世界的问题的同时，提供结构和指导来帮助他们形成辨认内在结构或问题并提取合适的解决问题的策略的心智模式，这么做很有意义。这里有些提示帮助你把这些原则转换成学习机会来帮助学生构建心智模式和培养解决问题的技能。

把学习与复杂和相关的问题结合起来。

有挑战的谜题能够极大地激发好奇心和内在动力；人们对于日常生活中的猜词、拼图以及密室逃脱等都乐此不疲。学生也不例外。很少有人早上一起床就担心来自圣路易斯的火车什么时候抵达芝加哥，但如果人们遇见的拓展和应用活动是有挑战的问题，而且觉得跟自己的兴趣和生活相关，那么他们可能对学习更投入并且更有动力。这里的关键是为学习找到一个强大的、与文化相关的支撑点——一个带有其他小问题的现实情境（通常以一个故事或冒险的形式呈现，里面的主要人物会面临一个问题），这时需要学生分析数据以便为故事里的人物制定一个可行的方案。表6.5列了一些话题和将问题与学生的兴趣相联系的方法。

表6.5　基于有意义的挑战的结构化问题示例

话题	例子
建筑问题	计算建造滑板坡道、学校戏剧舞台背景、后院项目、机器人项目所需的材料与成本
环境挑战	计算保护自然资源、减少废料或进行回收利用节约的能源与花销；测量学校各种交通方式的碳排放量
金融之谜	计算各种职业的净收入；制定预算并计算应计储蓄；确定最高性价比的手机套餐
健康挑战	计算各种运动燃烧的卡路里；好的精神状态和社交媒体的使用或睡眠习惯之间的关系
运动挑战	计算3分投篮的速度与弧度，增加击球反应时间的理想投球距离，是否踢悬空球或第一球就拿下

给学生提供一个解决复杂问题的流程及记忆技巧。

没有妥当的辅助，以问题为依托的学习会让学生困惑，或者没能构建心智模式，从而不能解决带有新意的类似问题。确保教你的学生一个解决复杂问题的流程，比如以下流程：

1. 理解问题——什么是重点？什么是不相干的？这是什么类型的问题？

2. 规划行动——我应该使用什么策略？我应该如何列出或画出这些策略？

3. 解答问题——需要什么步骤？我正确地完成这些步骤了吗？

4.回顾解决方案——这有意义吗？如果没有，我应该如何用不同的方式去做？如果有意义，下次我遇到类似的问题时应该记住什么重点？

除了教学生解决问题的流程，你可能也想给学生提供记忆技巧或简单的首字母缩略词来记住这个过程，比如RUN、FOPS或者你自己想出来或和学生一起想出来的符号。

帮助学生辨认问题类型并进行归类。

构建心理图式的一个关键要素是帮学生辨认问题类型并找到解决问题的策略，然后直接教学生这两种练习方法。表6.6提供一个给初学者的问

表6.6　问题类型和解决策略

问题类型	定义	常用的解决策略
分组类问题	分组类问题使用加法或乘法把两个更小的部分或群体结合成一个更大的部分或群体。或者，他们可以从总数开始，使用减法或除法来划分小组。	把所有数字加起来计算各个部分的总数（比如，在6年级、7年级和8年级，我们学校共有607名学生）。 从一个较大的数字减去一个较小的数字来确定一个小组的规模（比如，今年我们6年级学生增加了204名新生）。
变化类问题	变化类问题有开始、中间和结尾。由于某些直接的行动（比如，储蓄账户的应计利息），一个数量变成另外一个数量。	从开始的数量，用加法、乘法、减法算出数字的变化，得出计算后的数量（比如，你现在的账户有107美元）。 用结尾的数量减去开始的数量来确定变化的数量（比如，你的账户这个月增加了3%）。
比较类问题	比较类问题关注两组不相干的数据之间的静态差异（比如，泰伊比泰拉高4英寸，而泰拉比泰瑞尔高3英寸）。	比较某组数据，通过加、减来计算另一组数据的特征（比如，泰伊身高约一米八，泰拉身高约一米七，泰瑞尔身高约一米六）。 用较小的数量除以较大的数量，算出不同百分比（比如，泰拉差不多有泰伊94%那么高）。

题类型清单，包括对问题的定义以及解决问题的策略。

帮助学生使用信息组织图和绘画把问题视觉化。

除了辅助记忆，信息组织图帮助学生把问题形象化、整理关键信息并把抽象概念变得更具体一些——从而降低要解决的问题在认知方面的要求。图6.2的例子描述了信息组织图如何支持结构化问题解决。

史密斯先生需要学校音乐剧舞台工作人员搭建一块8英尺高、64英尺宽的胶合板背景。目前储存室有7块8英尺×4英尺的胶合板。还需要多少胶合板来搭建这个背景？如果每块胶合板花费19.45美元，还需要花多少钱？

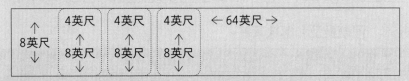

1. 第一步是分组类问题：我们必须计算总共需要多少胶合板。如果每块胶合板4英尺宽，多少块胶合板能够覆盖64英尺？算式：64÷4=X。画个这样的图会有所帮助：

2. 好的，这样我们就知道需要16块胶合板来覆盖空间。现在在我们必须计算还需要多少胶合板，这是个变化类问题。我们从一个数量开始，通过计算，最后得出另外一个数量，像上面这样。

3. 像许多变化类问题，我们可以用较大的数字减去较小的数字得出答案。算式：16-7=X

4. 现在我们必须计算9块额外胶合板的花销，如果每块胶合板花费19.45美元。我们可以这样画：

19.45 美元	19.45 美元	19.45 美元	19.45 美元	19.45 美元	19.45 美元	19.45 美元	19.45 美元	19.45 美元

5. 我们可以把这些数字加起来，但还有更简单一些的方法吗？算式：
9 × 19.45美元＝X

现在我们知道答案是175.05美元。这样戏剧俱乐部需要卖很多票才能抵消这些花销！

图6.2　在结构化问题解决中使用信息组织图的例子

教学生解决复杂问题所需的元认知技能和积极的自我对话。

结构化问题解决的一个关键目的是从认知上挑战学生——让他们通过"富有成效的努力"来拓展自己的思路，同时培养解决复杂问题所需的毅力。在许多有效的干预中，可以直接教学生自我调节和思考的技能、设定目标并跟踪进度、仔细聆听、遵循教导以及引导自己回归手头的任务，从而支持学生的自我调节和积极的自我对话。这里有一些关键的短语和问题，学生可以借此帮助自己在结构化问题解决过程中坚持下来：

- 我理解问题的要求了吗？还有什么不清楚的地方？
- 我可以把这个问题描述的情况视觉化吗？
- 我的目标是什么？我可以更靠近目标吗？
- 我有没有受到干扰？我可以做什么让自己回归任务？
- 不要放弃！努力让我的大脑变得更敏锐。

❖小结❖

更好地帮助学生进行深层次学习

这一章突出的3个策略可能是这本书最重要的，因为这3个策略能够帮助学生把新的信息转换成深层次的学习。然而，许多课堂明显没用上这些策略，学习一般在期末总测试中戛然而止。如果学习的最后阶段被砍掉，学生可能忘记自己"掌握"的大部分内容。他们可能认为上学的整个过程是一个敷衍的对内容和技能的测试，跟现实生活、意义和兴趣无可救药地分离。总而言之，上学让人觉得单调沉闷。

这不是你当初从事教学这一职业所期望的状况。你成为教育工作者，是想让学生渴望变成学习者，获得他们在人生中都能用得上的知识和技能。好消息是，通过这本书强调的14项策略，你确实可以做到。

Chapter Seven ｜ 第7章

整合所有策略

本书第一版很有影响力，所以当我们着手写该书的新版本时，我们担心这么做可能徒劳无益，就像尝试拍诸如《公民凯恩》或《卡萨布兰卡》之类经典电影的续集。我们觉得如果没有遵循原版的内容，有些读者可能会失望。我们也担心如果新版本缺少新洞见或引导，另外一些读者可能会失望。

在这个新版本中，我们希望在保留早期版本的精髓的基础上取长补短——利用现有最好的研究来发展教学这门科学，同时也重新审视研究本身。这个努力包括关注新一代的实证研究，我们将通过学习的科学的视角来审视这些研究，同时也考虑学校学习者的多样性这个因素。我们相信努力的结果是教育工作者既可以找到早期版本的依据，同时又能发现一些新信息。

教学新策略促进深度学习和持久学习

鉴于旧版好评如潮，而且全世界成千上万的老师已经使用旧版里的信息为教学做框架，我们预想一些读者可能想着这本书的14项策略跟第一版和第二版的9种教学方法有何关联。表7.1提供一个交叉对比，描述这些新策略是怎样在早先的类别的基础上构建起来并进行拓展的。

表7.1 教学新策略和原先类别的交叉对比

最初的 CITW 类别	更新的研究	新的 CITW 策略
确立目标和提供反馈	先前版本涵盖的多项研究没有满足实验研究的新标准。新研究里头的相关研究支持学生设定目标和引导下的初步应用及形成性反馈。	• 学生设定目标并自我督导 • 引导下的初步应用及形成性反馈
提倡勤奋和巧用表扬	先前版本的研究没有满足实验研究的新标准。一些支持学生设定目标的研究表明，这有助于强化努力行为。	• 学生设定目标并自我督导
小组合作学习	先前版本谈及的多数研究没有满足实验研究的新标准。新的研究支持在同伴协助下巩固学习内容（跟在小组中介绍新的学习内容做对比）。	• 在同伴协助下巩固学习内容
提示、提问和先行组织者	先前版本的多数研究没有满足实验研究的新标准。新的研究支持认知兴趣线索以及高水准提问和学生解说。	• 认知兴趣线索 • 高水准提问和学生解说
非语言展示	先前版本的研究没有满足实验研究的新标准。新的研究支持可视化教学。	• 可视化教学
总结和做笔记	先前版本的多数研究没有满足新的标准。新的研究保留先前研究支持的策略教学与示范（直接教学生总结文本要点）以及认知写作（用写作来整合学习内容）。	• 策略教学与示范 • 认知写作
布置家庭作业和练习	支持家庭作业的研究没有满足实验研究的新标准。多数支持练习的研究没有达标；保留在新研究中的这些研究支持提取练习以及交错和间隔式练习。	• 提取练习 • 间隔式混合型独立练习

最初的 CITW 类别	更新的研究	新的 CITW 策略
辨别知识的相似性和相异性	先前版本的研究没有满足实验研究的新标准。包含在新研究中的这些研究则支持认知兴趣线索（使用比喻联结新旧学习内容）和以图式为依托的教学（帮学生比较新旧问题）。	• 认知兴趣线索 • 结构化问题解决
提出和验证假设	先前版本的研究没有满足实验研究的新标准。新研究基础支持认知写作、指导性探究活动和结构化问题解决。	• 认知写作 • 指导性探究活动 • 结构化问题解决

本书先前的版本没有提及的3个有效教学策略是从新的实证研究中产生的：

- 词汇教学

- 策略教学与示范

- 针对性支持

之前我们提及所有这3个策略对学生的学习都很有效果，因此，也增加了教师资源库的内容。

随着每项新的实证研究的开展，教学科学继续进步，提供新的和更为精准的洞见。确实，我们预计，随着教学和学习这门科学的不断发展，在10年或20年之后，我们可能从不同的视角看待这些新策略，进而给老师提供更精准的指导。然而，现在能肯定地说，我们从当前最佳的研究当中找出的这14项策略，也就是我们在这本书中突出的这些策略，对学生的学习有着显著的影响。因此，当老师在课堂应用这些策略时，学生获益匪浅。

水到渠成：从策略到实践

任何人学习新技巧都无法一夜之间掌握14项策略。甚至仅仅掌握一项策略就需要很多时间，其中包括多个周期的练习、反思及改进。你第一次尝试在课堂上应用这些策略时，可能感到尴尬或没达到预期的效果。想到这一点，我们提供以下指南，帮助你和你的同事把这些策略转化为课堂和学校开展的训练。

关注给你的成长提供最好机会的策略。

我们知道这本书有很多需要学习的内容。我们没有期待任何老师或学校一次性尝试应用所有策略（或者一次性就成功应用策略）。相反，我们建议你先找出自己的亮点，即你已经掌握而且可以在课堂上一直使用的策略。要承认你当前的强项，同时意识到你的精力最好瞄准最紧迫的问题来进行专业学习。

比如，你可以思考6个学习阶段中，哪一个阶段在你的课堂上面临最大的挑战。如同我们在《持久的学习》中注意到的，6个阶段的学习模型可以作为一个有用的诊断工具来辨认学习过程到了哪里应该分解一下或在哪里开始滞后。比如，激发学生的学习兴趣你是不是最费心？如果是这样，你可以尝试从认知兴趣线索开始。太多学生需要第二层级的针对性支持吗？这样你可以决定将重点放在改进第一层级的教学上，方法是提供更一致且有效的策略教学与示范。这里的要点是你应该有自己的关注点——教学中哪些切实的改进最可能给学生的学习带来最大的提升。

不要单枪匹马。

我们在许多学校看到一个很不好的做法就是老师们一直在做"个人的练习"——在大门紧闭的教室里头独自教学，跟其他同事没什么交流。结果，许多教育工作者很少有机会相互学习或合作，以将更好的教学实践融入课堂之中。然而，研究表明，如果没有同行之间的指导，很少有专业学习能够转化为课堂实践。教师需要相互观摩和指导——不是居高临下、指手画脚，而是要作为相互支持的体系来提升和完善每个人的教育教学实践。如果你正独自读这本书，我们真心恭喜你拥有职业好奇心。然而，我们也鼓励你把这本书跟某位信赖的同事分享，这样你们可以一起合作在课堂上应用这些练习。

坚持下去。

任何行为的变化——不管是戒掉薯条、改吃沙拉，还是投入到某项日常训练——都需要时间。采用新的教学方法也不例外。每个新策略都需要很多时间融入课堂教学实践。再者，即使你已经把新的教学方法加入自己的教学资源库，也时常易于回归旧习惯；玛丽·巴德·罗几年前帮助老师们在教学实践中融入等待时间时发现了这一点。尽管多数老师能够快速理解并在教学中融入更长的等待时间，但仅仅几周后，许多老师又回归旧习惯。要变成你最佳的教学方法，必须坚持几周、几月甚至几年。当你专心致志并和他人一起落实这些做法时，就更容易坚持下来。

采用并调整。

尽管我们尽最大的努力说明这些做法在不同学科、年级以及学生群体中是什么样的，你仍需要把这些做法放到具体的语境中，根据自己学生的情况进行调整。这里最重要的不是忠于某一特定程序，而是忠于指导原则，即某个策略更深层次的内在目的或者为何这个策略支持学生的学习。这就是为何我们不仅提供每个策略的应用提示和技巧，而且也提供你和你同事可以用作"试金石"的指导原则，让每个策略在你的课堂上以及对你的学生都起作用。

在教学设计和实际教学中使用策略

　　当然，如果你把这些策略融入每节课和单元的设计与教学实践，那么更能坚持应用它们。这么做也能帮你把这些策略整合在一起，形成一套强大的、经过验证的教学技巧组合以及对学生有益的学习机会组合——就像这本书谈及的实证研究里头的许多干预措施。很少有哪个策略是单打独斗的。相反，它们融入更大的策略群，综合应用这些策略对学生的学习有显著的效果。

　　贯穿这本书，我们提到的这些策略里头有些是设计来支持陈述性知识（基于内容的学习）的，其他策略则支持程序性知识（基于技能的学习），还有一些策略支持两者。图7.1描绘了如何把这些策略一起编入支持陈述性知识和程序性知识的教学实践。

　　如你所见，一些策略（比如，认知兴趣线索、学生设定目标并自我督导以及在同伴协助下巩固学习内容）支持两种类型的学习，而其他策略更适合陈述性知识（比如，词汇教学、认知写作）或程序性知识（比如，策略教学与示范、引导下的初步应用及形成性反馈）。实践证明，你没必要每节课或每个单元将每个策略都用到。相反，你应该运用最适合手头学习内容的策略以及最能满足学生学习需求的策略。

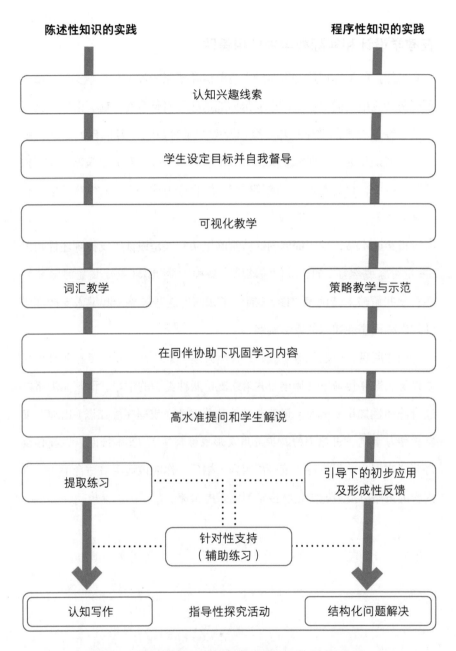

图7.1　陈述性知识和程序性知识的教学实践

❖ 小结 ❖

针对多样化学习者的卓越教学的力量

我们在这本书中讨论的14种教学策略，其效果已得到证明，相当于提升总体学生学业水平10到近50个百分位点。值得注意的是，各个年级可能有所不同，但这些学习效果即使没有保持一整年或更长时间，也能够保持几个月。如此强大的效果不易被忽略，尤其是我们样本中100多项研究大部分是在这样的课堂开展的，即包含各种类型的学习者、贫困生、之前学习成绩不理想的学生、英语非母语的学生。在若干研究中，这些训练向我们展示学生的成绩差距即使没有消除，但也缩小了，因此确保了每个学习者获得更公平的学业成绩。

总体而言，这些研究发现提供了一些灵感，它们让我们确信你在课堂上的教学实践可以对学生的学习旅程产生影响。确实，或许从这本书中能得到的最大启示是：要为学生带来更公平的教育成果，你并不需要炫酷的高科技设备、极其复杂的学校改进计划，或者当下最新的改革举措。相反，你可以把这些业已验证的教学策略融入每节课和每个单元的学习，从而助力每位学习者的成功。

最后，我们希望这本书清楚地展示教学是基于科学、研究和专业知识的一种专业，如同医学、工程学和法学，或任何其他的专业追求。也许最重要的是，当你把论证过的教学实践带入你的课堂时，你可以实现投身这一高尚职业的目的：确保学生有机会在学校和生活中茁壮成长，从而改变他们的人生。

致 谢

ACKNOWLEDGMENTS

本书前期调研和撰写期间，我们都怀着谦卑之心；才华横溢的教育工作者和研究人员撰写了《有效的课堂教学》第一版和第二版，而我们正站在他们的肩膀上。具体而言，我们感谢罗伯特·马扎诺、黛博拉·皮克林、简·波洛克、凯里·迪恩、比杰·斯通、伊丽莎白·哈贝尔和霍华德·皮特勒。他们认为有必要把现有最好的研究为老师们转化为一套可以把握的、高效的教学实践，这个独特的视角不仅激发了我们的努力，而且也帮我们预见到这本书的新版本。感谢他们为我们开辟了道路。

我们还要感谢McREL国际的合作伙伴，包括研究人员切尔茜·纳迪、保罗·伯卡德，你们协助整理并审查了无数的研究资料，从而奠定了本书的研究基础。此外，我们也对罗杰·菲尔德、艾瑞克·哈勃以及罗恩·米利特心怀感激，从这本书的手稿到最终出版，你们提供了非常宝贵的编辑反馈和指导。

我们也想感谢ASCD当前和之前的编辑团队：斯蒂芬妮·罗斯，是你让我们意识到是时候撰写该书的新版本。我们也感谢苏珊·希尔斯和凯蒂·马汀，谢谢你们在这本书出版的过程中敏锐的编辑之眼和建设性的反馈。你们帮我们从最初厚实的手稿中提炼出最棒、最重要的想法。谢谢你们帮我们发现——如米开朗基罗所言——大理石里头的大卫。

　　此外，我们想感谢跨越多个州、地区和文化的教育工作者，谢谢你们应用前两个版本所学的内容并跟我们分享你们的体验。像《基于认知科学的课堂教学》这样一本书，不管多么精心或艺术地撰写，都只是如同森林中倒下的一棵未曾听闻的寓言之树，直到像你们这样的教育工作者拿起这本书，在教学过程中应用起来，让大家见识这本书的价值。因此，自从《有效的课堂教学》前两版发行之后，我们跟使用该书的许多教育工作者都交流过，谢谢你们深思熟虑的提问、敏锐的观察以及大有益处的建议。我们希望我们为本书付出最认真的努力，确保本书保持实用和有用，因而不辜负你们的反馈。

　　最后，我们对家人也心怀感激——父母、兄弟姐妹、爱人、搭档以及孩子们。我们撰写这本书的漫长过程中，也正是疫情期间，而你们不断鼓励我们，我们每到夜晚、周末和假期都一直坐在电脑前，对此你们宽容体谅。你们是我们的宣传者，当然我们也深知最重要的是你们的爱与支持。

关于作者

布莱恩·古德温 是McREL国际的总裁兼首席执行官。McREL国际是一家非营利机构，帮助世界各地的学校体系自我提升、尽力挖掘学生的好奇心、研发学习的科学以及有研究依据的教学实践，从而帮助每位学习者迈向成功。古德温已经写了许多书，为教育工作者把研究转化成教学实践，包括《建立一所充满好奇心的学校：寻回带你来学校的快乐》《持久的学习》《跳出僵局：好奇心、同伴辅导与团队合作如何改变学校》《强大的学习所需的平衡型领导力：在学校取得成功的工具》《良好教学效果的12试金石：每天都需专注的事情清单》《单纯更好：做最重要的事情来改变学生成功的逆境》。他也为ASCD每月发行的杂志《教育领导力》定期撰写研究专栏。古德温和全球的读者们分享他的洞见。他获得贝勒大学学士学位和弗吉尼亚大学硕士学位，曾是一名教师和记者。

克里斯汀·鲁洛 教育学博士，McREL国际学习服务和创新部门的执行主任。她和国内外学校、学区以及教育部合作，协助他们应对变革，并实施相关实践和架构，以缩小差异并提高学生学业成绩。通过咨询、教导以及进行专业化学习，鲁洛提供服务、策略以及技术协助来支持大家做出改变的努力，她尤其热心地支持教师团队、学校和学区领导及教育机构持续的提升之旅。她也致力于确保所有学生公平获得成就，强烈相信所有学生都有能力获得高水平的成绩，而老师和领导的力量积极地影响学生的人生。

作为《持久的学习》《好奇心的效用：让你的学校从提升迈向创新的指南》《跳出僵局：好奇心、同伴辅导与团队合作如何改变学校》的合著者，鲁洛也负责新产品和服务的发展，关注好奇心如何促进改变来提升教学、领导力以及学习。她拥有学校行政人员的资格证，在教育界有30多年的经验，也在种族和文化多元化的社区工作过。她曾是一名一线教师、课程设计专家，也担任过小学校长及学区课程行政人员。鲁洛在华盛顿大学获得行政管理方面的学位，在密歇根州立大学获得课程和教学硕士学位，在西密歇根大学获得小学教育的学士学位。她在科罗拉多大学获得教育学博士学位，研究方向为领导力促进教育公平，专业化学习与科技是其研究的重点内容。

谢丽尔·阿巴拉 是McREL国际的高级管理顾问，她在这个机构为K12的教师们开发了工作坊和专业学习课程，这些课程涵盖教学技术、英语学习者以及构建以学生为中心的课堂和学校环境等领域。她也为科技融合、科技领导力以及McREL的课堂观察软件Power Walkthrough提供咨询。在加入McREL之前，阿巴拉从事了20多年的教学工作，涵盖从1年级到12年级的所有年级。她是《有效的课堂教学工具》的合著者，也是乔治·卢卡斯教育基金会教托邦博客的撰稿者。

凯伦·巴普蒂斯特 教育学博士，McREL国际学习服务和创新部门的咨询总监。她给学校、学区和教育机构提供专业化的学习和咨询服务。巴普蒂斯特的事业从纽约市教育部门开始，在那里她担任过特殊教育教师、教学指导以及特殊教育部门的主任一职。她和全美K12学校合作过，帮助学校提升教学和学习，强调高质量地执行有研究依据的教学策略，包括帮助老师营造鼓励学生表达意见和对学习负责的教育环境。她的经历还包括担任全美范围内的州、地区和学校领导的执行教练，旨在改变学校文化以及为学生及其家庭提供更好的教育体验。

托妮亚·吉布森 是McREL国际学习服务团队的高级管理顾问。她帮助教育部门、学区和学校领导、教师利用研究成果改进专业工作，并推动整体水平的提升。她与教育工作者合作，以解决他们明确指出的需求问题，采用了一系列策略，包括利用数据进行反思、对实践进行观察以及分析人员/组织的表现数据。除了主持工作坊、在会议发言之外，吉布森为教师和领导编写了实用的指南和材料。此外，吉布森还合著了《跳出僵局：好奇心、同伴辅导与团队合作如何改变学校》。吉布森也曾在澳大利亚墨尔本的小学当老师和校长助理。

米歇尔·克姆鲍尔 是McREL国际的管理顾问，她曾在得克萨斯州从事双语早教工作，也作为一位全国性的学校支持顾问，帮助教育工作者对学生产生持久的影响。她也帮助教育工作者和教育界领导辨认和理解以研究证据为依托的最佳训练、技能、流程，以此改变学校文化、支持学校目标并促进学生学习。克姆鲍尔的经验包括提供基于数据的、具有针对性的专业学习及辅导服务，致力于构建基于师生需求的校园教学能力。

关于McREL国际

McREL国际是一个全球认可的非营利教育研究和发展机构，在科罗拉多的丹佛、夏威夷的火奴鲁鲁、怀俄明州的夏安都有办公地点。自从1996年起，McREL国际把有关教育领域行之有效的做法的研究成果和专业智慧转化为对教育工作者切实有用的指南。McREL国际的专家职员和附属机构成员包括令人敬重的研究人员、经验丰富的顾问以及作品颇丰的作者，他们给教育工作者提供以研究为依托的指南、咨询以及专业发展服务来提升学生的学业成绩。

教学与学习的科学

每位教师都应知道的56项教育研究成果

> 畅销书《学习的科学》作者全新力作
> 从认知科学出发重塑教育底层逻辑

作　者：（英）布拉德利·布什
（英）爱德华·沃森
（英）卢德米拉·博加特切克
出版社：中国青年出版社
ISBN：9787515371399

★　推荐语　★

- 《可见的学习》作者、墨尔本大学教育研究所荣誉教授约翰·哈蒂推荐。

- 前作《学习的科学：每位教师都应知道的99项教育研究成果（升级版）》入选中国教育新闻网2023年度"影响教师的100本书"。

- 本书作者精挑细选56项经典的、前沿的教育研究，将教育研究成果可视化，将专业的科研成果转化为易实操的教学实践，打破科学理论与实际应用之间的壁垒。

- 本书立足于科学与教学的融合，涵盖教学与学习56项教育研究成果，从认知科学出发重塑教育底层逻辑，帮助教师更好地理解教学与学习，更轻松地把握关键原则，更有效地运用教学策略。

为什么学生不喜欢上学？

认知心理学家解开大脑学习的运作结构，
如何更有效地学习与思考

作者简介

1983年，丹尼尔·T. 威林厄姆于杜克大学获得心理学本科学位；1990年，他获得哈佛大学认知心理学博士学位；从1992年至今，他在美国弗吉尼亚大学担任心理学教授。其研究主要关注以大脑为基础的学习和记忆，主要围绕认知心理学在基础教育方面的应用。

作　者：[美] 丹尼尔·T. 威林厄姆
出版社：中国青年出版社
ISBN ：978-7-5153-6708-8
定　价：59.90元

内容简介

　　本书作者以多种方式对认知科学进行了专业检验，将这些知识与教学实践活动结合起来，对如何学习和思考做出了清晰的解释，为教育工作者和决策者提供了强有力的蓝图。你将从本书中了解到认知心理学如何影响与促进学习和教学，认识到故事、情感、记忆、背景知识练习在构建知识和创造持久学习经验中的重要性，并据此给出了教育工作者提高学生的学习能力与精进自身教学技艺的方法建议。

- 中国教育学会副会长李希贵特别推荐，新教育实验发起人朱永新作序推荐

- 掌握学习的关键，构建科学的学习体系：

  记忆是思考的残留物

  思考能力取决于掌握的事实性知识

  原来学习知识也有"复利效应"

  利用分块记忆，突破工作记忆的有限空间

  长期记忆为何需要超量学习和间隔效应

  拒绝反复练习，就不可能精通任何脑力工作

  重塑智能需要持续努力

  技术并没有改变当代人的思考方式

  ……

让学生的进步看得见

马扎诺团队作品相关推荐阅读

《能力导向型教学法》

《数据驱动式教学》

《如何成为一名反思型教师》

《卓有成效的课堂管理》

《设计有效的教学评价与评分系统》

《课堂上的提问逻辑》

《如何促进教师发展与评价》

《高度参与的课堂》

《目标教学法》

《专业学习共同体》

《基于课堂中精准理解的教学设计》

《学习的维度》